AUXILIOS PARA
predicadores
laicos

AUXILIOS PARA
predicadores laicos

Y CONSEJOS PARA OBREROS

por A.P. Symes

Décimaprimera Edición
1984

CENTROS DE LITERATURA CRISTIANA

CENTROS DE LITERATURA CRISTIANA
en los países de habla hispana

Chile:
Cruzada de Literatura Cristiana
Clasificador 701
Santiago, Chile

Colombia:
Centros de Literatura Cristiana
Apartado 29724
Bogotá 1, D.E., Colombia

España:
Centro de Literatura Cristiana
Apartado 20.017
Madrid, España

Panamá:
Librería Caribe
Apartado 3139
Panamá 3, Panamá

Uruguay:
Centro de Literatura Cristiana
Casilla 351
Montevideo, Uruguay

Venezuela:
Centro de Literatura Cristiana
Apartado 563
Barquisimeto, Venezuela

IMPRESO EN COLOMBIA
BUENA SEMILLA
Apartado 29724
Bogotá, Colombia

Todos los Derechos Reservados © 1979
Centros de Literatura Cristiana

CONTENIDO

Capítulo	Página
1. EL PREDICADOR Y SU PREPARACION	9
2. PREPARACION PARA PREDICAR ...	21
3. SERMONES	29
Sermones de Asunto	29
Sermones de Texto	43
Sermones Expositivos..........	52
La Enseñanza Simbólica	67
Exposición de un Libro	71
Sermones de Controversia	77
Estudios Bíblicos	83
Siete Indicaciones Prácticas en el Arte de Escribir Tratados	87
4. CULTOS Y REUNIONES	97
El Predicador en el Púlpito	98
El Culto de Oración	108
La Escuela Dominical..........	113
La Reunión de Damas	115
Reuniones de Caballeros	116
Reuniones de la Iglesia	117
El Consistorio o Cuerpo Gobernante ...	119
El Servicio de Bautismo	123
El Servicio de la Santa Cena	124
El Servicio de Presentación	126
El Matrimonio	129
Sepultura de los muertos........	135
Constituir Ancianos	141

5. CLASES PARA CATECUMENOS 145
6. CONSEJOS PARA OBREROS 169
   Consejos varios 169
   El Uso de la Biblia 176
   Evangelización 178
   Pablo y su Enseñanza 181
   Enseñanza sobre:
     Cosecha 184
     Avivamiento 185
     La Mayordomía 187
7. ESTUDIOS PARA OBREROS PERSONALES 191
   Cursillo sobre Consejeros 191
   Estudios sobre el Sermón del Monte ... 198
8. EL EVANGELISMO PERSONAL 207
   El Camino de la Salvación 212
   La Buena Literatura 213

Introducción

Al colocar a las órdenes de los predicadores y obreros esta nueva edición, anhelo que continúe siendo de utilidad. Contiene ejemplos de sermones de otras ediciones anteriores, ofreciendo al predicador maneras diferentes de preparar los mensajes. Ha sido mi deseo no tanto el de dar una multitud de bosquejos; sino por medio de algunos ejemplos mostrar la manera más eficaz de estudiar, para que el obrero pueda ir directamente a la Biblia y sacar él mismo, después de un cuidadoso estudio, los sermones necesarios para su edificación y la de los demás. Este libro es una guía y no un tratado completo sobre Homilética (arte de la predicación).

También se han incluido temas útiles como doctrina en las clases de catecúmenos, consejos a los consejeros, siete indicaciones prácticas en el arte de escribir tratados y pequeños cambios en las secciones sobre el consistorio y funciones en la iglesia.

Doy gracias a Dios por la acogida dispensada a esta nueva edición, orando por un incremento en el número de predicadores y obreros nacionales.

Su siervo en Cristo,

A.P. Symes

Capítulo 1

El Predicador y su Preparación

El predicador debe ser una persona convertida, que sabe bien que ha renacido, que tiene a Jesús en el corazón, poseído de un vivo deseo de hacer a otros partícipes de la salvación, y de un corazón tan humilde que esté listo a recibir los consejos del pastor o de cualquier otra persona. Las siguientes citas tratan de: la conversión, Mateo 18:3; el renacimiento, Juan 3:1-21; y el recibir a Jesús, Apocalipsis 3:20; Juan 1:12, 13; y I Juan 5:12.

El predicador debe dar un buen testimonio tanto en su trabajo, finca o hacienda como en la región, caserío, vereda, barrio o pueblo donde vive, ya sea él jefe o subalterno, compañero, vecino o ciudadano; y en su hogar debe ser un modelo como esposo, padre, hijo o hermano. En testimonio de su fe, debe ser bautizado, siendo su permanente sermón, "haga lo que hago", I Timoteo 3:1-12; Tito 1:5-9.

El predicador debe ser llamado a dar el mensaje; debe amar tanto a Cristo como a las almas; debe desear que todo el mundo participe de la Salvación; y debe predicar porque no puede callarse, aunque se sienta tan incompetente como Moisés o tan niño como Jeremías, Éxodo 4:10-12; Jeremías 1:6-8; 20:9; I Corintios 9:16.

Jesús llamó a Su servicio de todas las clases sociales: fariseos, publicanos, pescadores, médicos, sacerdotes, ricos, pobres, educados e ignorantes; todos de una u otra manera recibieron el llamamiento personal. No es la iglesia ni el ministro u otro amigo cualquiera el que llama al predicador. Esos pueden ser solamente los instrumentos que Jesús usa para llamar, pero cada predicador debe saber que Jesús lo llamó a predicar. De lo contrario, es mejor que nunca predique.

Una vez que el creyente haya oído el llamamiento, debe empezar por la comisión de Cristo, "predicad al evangelio a toda criatura", Marcos 16:15, y recordar Su promesa, "yo estoy con vosotros todos los días, hasta el fin del mundo", Mateo 28:20. Su predicación estará bajo la dirección del consistorio de la iglesia local o de acuerdo con el obrero encargado de la obra en la región donde trabaja.

PREPARACION DEL PREDICADOR

La persona llamada debe hacer todo lo que esté a su alcance para ser un predicador eficaz, y por esta razón debe prepararse para tal fin.

El predicador se expresa por medio del castellano. Por eso debe mejorarlo lo más que pueda, aprendiendo a hablar lo mejor y lo más correctamente posible, dejando frases y expresiones vulgares. Para lograrlo debe usar constantemente el diccionario, aprendiendo así el uso correcto de las palabras. Debe aprender algo de la gramática. Hay muchos libros excelentes de gramática. Entre ellos los dos siguientes serán de mucha ayuda:

El Habla de mi Tierra, Rodolfo M. Ragucci, Editorial Don Bosco, Buenos Aires, Argentina, y *Apuntaciones Críticas Sobre el Lenguaje Bogotano*, Rufino José Cuervo, Instituto Caro y Cuervo, Bogotá, Colombia. La lectura diaria de buenos libros ayuda mucho al aprendizaje. Conozco una persona que hablaba pésimamente; pero por su esfuerzo, por el uso constante del diccionario y por la lectura de libros buenos mejoró de tal manera su lenguaje que llegó a ser un predicador agradable.

La Biblia es el libro de texto del predicador. Por ser la revelación de Dios, debe ser estudiado diariamente. En primer lugar debe leerse como se lee cualquier libro, empezando con Génesis hasta terminar con el Apocalipsis. Leyendo solamente un capítulo cada día, se puede terminar toda la Biblia en tres años y tres meses; leyendo dos capítulos diarios se hará en la mitad del tiempo. Se recomienda para esto *La Guía Bíblica* por Smeeton, y *La Biblia y Cómo se Estudia*. Los libros de la Biblia deben ser estudiados por separado, especialmente los del Nuevo Testamento. Por ejemplo, uno puede estudiar Colosenses durante tres meses. Leyendo los cuatro capítulos diariamente acabará por grabarse el contenido de este libro en la mente.

Otra forma de estudio bíblico es la de escoger temas importantes y estudiarlos a través del Libro Santo con la ayuda de una Concordancia, de las referencias al margen de la Biblia y de un Manual Bíblico. Unos temas importantes son la salvación, la redención, la justificación, la gracia, el arrepentimiento, la oración, el avivamiento y la santificación.

El predicador debe estudiar la Biblia de cuantas maneras le sea posible. Durante su tiempo de meditación diaria debe leer la Biblia para oír la voz de Dios hablándole personalmente. Es provechoso hacerse a sí mismo las siguientes preguntas: ¿Qué quiere decir esto? ¿Estoy cumpliéndolo? Si no, ¿por qué?, etc. Así se le da oportunidad al Espíritu Santo de hablar al corazón. Luego, después de haber meditado por un tiempo, se pasa a la oración.

Es necesario aprender de memoria los nombres de los libros de la Biblia y saber encontrarlos en ella con rapidez. El obrero no debe usar una Biblia con índice. Es bueno hacerse las mismas preguntas de todos los libros de la Biblia: ¿Quién escribió este libro y cuándo? ¿Por qué fue escrito? ¿Qué quiere decir el nombre Génesis, etc.? ¿Cuántos libros hay en la Biblia? ¿Cuántos hay en el Antiguo Testamento? ¿En el Nuevo?

En la lectura de la Biblia deben escogerse y aprender de memoria con su cita los versículos más adecuados para la obra personal. De esta manera se llena la mente de la Palabra de Dios. Así se guarda mucho material que el Espíritu Santo puede recordarle a uno cuando más se necesite, Juan 14:26. Recuérdese que el Espíritu Santo no puede recordarle a uno lo que no ha aprendido.

Hay muchos libros buenos de los cuales el predicador debe conseguir los mejores y así aprender muchas cosas valiosas de los autores. Los siguientes son unos pocos de los muchos libros buenos que hay: *El Diccionario Bíblico, Los Evangelios Explicados, El Pentateuco* por C.H.M., *La Introducción a Las Sagradas Escrituras, Obreros de Dios, En Busca de Almas, Historia de La Iglesia, El Viador,* y *La Vida del General Booth.* Es bueno suscribirse a unas dos buenas revistas cristianas. Debe leer los tratados antes de repartirlos. De vez en cuando debe escribir un tratado o un artículo para alguna revista y enviarlo al director. Si no es impreso, no debe desalentarse ni disgustarse, sino seguirlos escribiendo, porque la práctica hace al maestro.

El predicador es el portavoz de Dios, Mateo 3:1-3; Juan 1:23; y Romanos 10:14, 15. Tiene el gran privilegio de llevar el mensaje del evangelio a las multitudes que no conocen a Cristo y también ministrar a los hermanos en la fe, declarándoles el camino de Dios, Hechos 18:26. El es una carta abierta, y todos van a leerla y hacer su decisión en pro o en contra del evangelio por causa de su testimonio. Por eso él debe entregarse totalmente al Señor, Romanos 12:1,2. Cristo le ha llamado a ser lleno de Su Espíritu, y ese es el secreto de una vida fructífera en el servicio; la lectura de los primeros capítulos de los Hechos se lo comprobará. Dios es santo, puro, limpio, justo y lleno de amor y de misericordia; y el obrero debe anhelar ardientemente tener en su vida todas estas cualidades, I Pedro 1:16. La crítica destructiva y la chismografía o en otras palabras las obras de la carne, Gálatas 5:19-21, destruyen al obrero y con él la obra de Dios. Por eso él debe entregar la carne y el yo a la cruz; practicar la paciencia para con todos; controlar su lengua en el Espíritu; ser justo sin hacer acepción de personas, humilde y templado; y estar listo a sufrir persecuciones, dificultades, etc., gozosamente por amor a Cristo, II Corintios 11:23-28; I Timoteo 3:3; I Pedro 5:4; Gálatas 5:22, 23.

CUADRO DE LOS LIBROS HISTORICOS DE LA BIBLIA

Antiguo Testamento

Libro Histórico	Período	Otros libros del mismo período
GENESIS	1. De la Creación a Abraham (2000 años) 2. De Abraham a Moisés (500 años)	
EXODO LEVITICO NUMEROS DEUTERONOMIO	3. El Exodo (40 años)	
JOSUE	4. La Conquista (10 años)	
JUECES RUT	5. Los Jueces (348 años)	
1 SAMUEL 2 SAMUEL 1 REYES 2 REYES 1 CRONICAS 2 CRONICAS	6. El Reino (120 años) 7. Los dos Reinos (260 años) 8. Judá solamente (135 años) 9. El Cautiverio (52 años)	Job Salmos Proverbios Eclesiastés Cantares Isaías Jeremías Lamentaciones Ezequiel Daniel Oseas Joel Amós Abdías Jonás Miqueas Nahum Habacuc Sofonías
ESDRAS NEHEMIAS ESTER	10. La Restauración (135 años)	Hageo Zacarías Malaquías

CUADRO DE LOS LIBROS HISTORICOS DE LA BIBLIA

Nuevo Testamento

Libro Histórico	Período	Otros libros del mismo período
	11. Entre los dos Testamentos (400 años)	
MATEO MARCOS LUCAS JUAN	12. La Vida de Cristo (33 años)	
HECHOS	13. Expansión del Evangelio (70 años)	Romanos 1 Corintios 2 Corintios Gálatas Efesios Filipenses Colosenses 1 Tesalonicenses 2 Tesalonicenses 1 Timoteo 2 Timoteo Tito Filemón Hebreos Santiago 1 Pedro 2 Pedro 1 Juan 2 Juan 3 Juan Judas Apocalipsis

CUADRO GENERAL DE LOS LIBROS DE LA BIBLIA

Antiguo Testamento

Pentateuco (Ley)	5 libros	Génesis Exodo Levítico Números Deuteronomio
Libros históricos	12 libros	Josué Jueces Rut 1 y 2 Samuel 1 y 2 Reyes 1 y 2 Crónicas Esdras Nehemías Ester
Libros poéticos	5 libros	Job Salmos Proverbios Eclesiastés Cantares
Profetas mayores	5 libros	Isaías Jeremías Lamentaciones Ezequiel Daniel
Profetas menores	12 libros	Oseas Joel Amós Abdías Jonás Miqueas Nahum Habacuc Sofonías Hageo Zacarías Malaquías

CUADRO GENERAL
DE LOS LIBROS DE LA BIBLIA
Nuevo Testamento

Los evangelios	4 libros	Mateo Marcos Lucas Juan
Historia	1 libro	Hechos
Cartas de Pablo	14 libros	Romanos 1 Corintios 2 Corintios Gálatas Efesios Filipenses Colosenses 1 Tesalonicenses 2 Tesalonicenses 1 Timoteo 2 Timoteo Tito Filemón Hebreos
Epístolas generales	7 libros	Santiago 1 Pedro 2 Pedro 1 Juan 2 Juan 3 Juan Judas
Profecía	1 libro	Apocalipsis

En cuanto a su cuerpo y a su ropa, debe mantenerlos en perfecto aseo. Es un mal testimonio el ver a un hombre sin afeitarse y sin peinarse predicar el evangelio, como también lo es ver a una mujer con los labios pintados usar la última moda del cine. El cuerpo, los libros, la ropa, las piezas, las casas, las fincas, todos deben dar testimonio de Cristo. Todo debe estar limpio, bien arreglado y en orden. Sobre todo, el que predica debe ser un buen trabajador.

CONSEJOS DE JUAN WESLEY A SUS PREDICADORES

1. Sé diligente. No pierdas el tiempo. Ni por un momento estés ocioso. No emplees tu tiempo en simplezas. No te quedes en un lugar más tiempo del que sea necesario.

2. Sé serio. Toma como lema: "Santidad al Señor". Evita toda la liviandad, chismes, chanzas, y conversaciones tontas.

3. Conversa poco y prudentemente con las mujeres, especialmente con las señoritas.

4. No creas lo malo de ninguno. Si no ves la persona hacer el mal, ten cuidado como la juzgues cuando te cuenten algo de ella.

5. Pon la mejor construcción que puedas sobre todo. Recuerda que es el deber del juez tomar la parte del reo hasta que le hayan probado su culpabilidad.

6. No hables mal de ninguno, para que tus palabras no carcoman. Guarda tus pensamientos para ti mismo hasta que te encuentres con la persona en cuestión.

7. No te avergüences de nada sino sólo del pecado. No te avergüences de cortar leña, ni de embolar tus zapatos, ni tampoco de embolar los zapatos de tu vecino.

8. Lo que te toca hacer es salvar las almas perdidas; por eso gasta tus esfuerzos en esta obra y vé no solamente a las gentes que te quieren sino también a las personas que te necesitan.

9. No es tu deber predicar tantas veces a la semana o cuidar a esta o aquella iglesia, sino salvar a tantas almas como puedas.

TAREAS Y PREGUNTAS

1. Busque en la Biblia todas las citas mencionadas.
2. Aprenda de memoria los dos cuadros.
3. ¿Quién puede predicar?
4. ¿Quién es el que llama al mensajero a predicar?
5. ¿Cómo puede prepararse bien el predicador?
6. ¿Cómo debe estudiar la Biblia el obrero?
7. ¿Qué quiere decir ser portavoz de Dios?
8. ¿Cómo debe vestirse el predicador?
9. ¿De los consejos de Juan Wesley, cuáles son para usted los tres más importantes y por qué?

Capítulo 2

Preparación para Predicar

PREPARACION DEL MATERIAL

Todos los acontecimientos de nuestra vida pueden darnos material para nuestros sermones. Es de notar cómo Cristo usó las cosas de la casa, del campo, etc. para basar sus discursos e ilustrarlos.

El obrero debe aprender a marcar su Biblia y sus libros para poder recordar y encontrar fácilmente más tarde lo que necesite. Puede hacerlo por medio de lápices de colores usando un color para cada tema. Puede poner al lado del pasaje una raya indicando lo que es el escrito. Debe comprar o hacer algunos archivadores, (fólderes, cartapacios) y tenerlos marcados con los distintos títulos tales como oración, avivamiento, justificación, arrepentimiento, etc. Al hacer su lectura en algún libro prestado puede copiar lo que le sirva y guardarlo en su propio archivador antes de devolver el libro. Cuando sean revistas, puede recortar lo que le sirva y también guardarlo en su archivador. El obrero debe ser un observador personificado. Por los ojos deja entrar a su mente todo lo bueno que se vea a su alrededor, cerrándolos a la vez a todo lo que le haga daño. También el oído debe estar siempre recogiendo material, que se guardará en la memoria y por escrito en los archivadores para usarse en un tiempo de necesidad.

El predicador debe observar en los otros predicadores sus maneras, sus sermones, aprendiendo de ellos todo lo bueno y evitando todo lo que le parezca mal en ellos.

Hay libros y revistas que contienen sermones de grandes predicadores; éstos pueden ser estudiados con mucho provecho. No debe robarse el sermón de otro. Si desea predicar un sermón de otro, debe anunciarlo como tal y estudiarlo de tal manera que llegue a ser propio.

COMO MARCAR SU BIBLIA

El estudiante puede usar diferentes colores para marcar su Biblia. En seguida damos unas sugerencias que le pueden servir.

1. **Azul oscuro:** Dios, Jehová, el Señor. Alguna obra grande que tiene relación con El.

2. **Azul claro:** La Palabra de Dios, Leyes, Estatutos, Mandamientos, Promesas.

3. **Negro:** El Diablo, Satanás y su obra. Pecado, maldad, etc. Denunciación de pecado.

4. **Caoba:** Llamamiento al arrepentimiento, Confesión de pecado, Prueba de la Fe, el Crisol o Zarandero del Señor.

5. **Carmín:** Jesús, Cristo, el Señor, Su Obra de Redención sea en el Antiguo Testamento o en el Nuevo Testamento. La Presencia de Jehová.

6. **Lila:** El Nuevo Nacimiento, el Recibir Salvación, Justificación.

7. **Verde oscuro:** La Iglesia, su obra, su testimonio, su sufrimiento, sus obreros, su lucha.

8. **Verde claro:** Consagración, Dedicación, Oración, Crecimiento, Alabanza.

9. **Rojo:** La Fe, y las grandes obras de la Fe.

10. **Naranja:** El Espíritu Santo y Su Obra, Frutos del Espíritu Santo. Dones del Espíritu Santo.

11. **Amarillo:** Algo Futuro, Profecía no cumplida, Segunda Venida de Jesús.

12. **Púrpura:** Resurrección, el Cielo, el Glorioso Porvenir, Juicio en el Futuro.

También hay algunos símbolos que se pueden usar en la margen o sobre el mismo pasaje:

1. Un triángulo — La Trinidad
2. Una cruz — La Redención
3. Una Corona — El Reino de Cristo
4. Una I mayúscula — Idolos

DISTINTOS MODOS DE PREDICAR

Hay lo que se llama improvisación, que quiere decir predicar sin notas y sin preparación. El que es fiel estudiante de la Palabra de Dios siempre tiene algo para predicar; y si le llegan ocasiones inesperadas cuando tiene que predicar sin previo aviso, bien puede, y Dios le dará el poder y el mensaje. Pero el que nunca prepara su mensaje, diciendo que él sólo tiene que confiar en el Espíritu Santo para llenar su boca con palabras, es necio y perezoso, y podrá tener mil textos pero un solo sermón.

Hay algunos que escriben sus sermones y los leen delante de un auditorio, y hay otros que después de haberlos escrito los aprenden de memoria. No aconsejamos ninguno de estos métodos, aunque hay muchos que los utilizan con provecho; pero sí creemos que todo predicador debe escribir algunos de sus sermones con el fin de ayudar a su memoria y a su ortografía.

La forma que aconsejamos es la sinóptica. El predicador escoge el tema, asunto, texto o pasaje y lo estudia durante algún tiempo, pensando en la mejor manera de desarrollarlo. Cuando tiene bien en la mente el material o la idea del sermón, lo divide en temas secundarios y éstos en puntos correspondientes, no olvidando la introducción y la conclusión. Todo esto está arreglado en forma de bosquejo o esqueleto sobre el cual se coloca el ropaje o material. Este material es como la ropa que cubre el esqueleto dándole forma, belleza y poder con el fin de hacer grabar las verdades principales del sermón en los corazones de los oyentes. Estas verdades principales deben estar en los temas secundarios que desarrollan el tema principal y la materia con las ilustraciones que inculcan estas verdades. El esqueleto es con el fin de recordar al predicador acerca de lo que va a predicar y de lo que tiene guardado en la mente. Conozco algunos que van a un lugar apartado y con el reloj en la mano usan el esqueleto predicándoles a los pájaros; y de esta manera cobran confianza. No lo han aprendido de memoria, pero han hecho un ensayo que les ayuda grandemente.

LA PREPARACION DEL SERMON

Es Dios quien conoce los corazones de los oyentes, y El puede iluminar al predicador para escoger lo que necesita. También el predicador, si es buen pastor, debe conocer las necesidades de sus oyentes o su grey y tratar de darles lo que necesitan. Todo discurso debe escogerse en oración. y tanto la preparación como la predicación deben ser inundadas y dirigidas por ella.

El texto o pasaje bíblico que uno va a usar debe ser leído repetidas veces junto con las partes que tienen relación con el sermón para tenerlo todo bien presente en la mente.

Se pueden hacer al texto o pasaje preguntas como las siguientes: ¿Quién escribió este pasaje? ¿A quién fue dirigido y por qué? ¿Dónde sucedió y cuándo? ¿Qué importancia tuvo para ellos? ¿Qué importancia tiene para nosotros? ¿Qué significan las palabras y frases importantes? El predicador debe aprender a hacer al pasaje o texto estas y otras preguntas y contestándolas por escrito.

Todo sermón tiene más o menos las siguientes partes:

1. **El Tema Principal.** Es el asunto o enseñanza que vamos a desarrollar por medio de la materia que hemos reunido. Es la enseñanza que pasa por todo el discurso desde el principio hasta el fin.

2. **El Plan y Divisiones del Discurso.** El predicador es semejante a un arquitecto que de un montón de materiales y con un plano puede edificar un bello edificio útil para la humanidad. El mensajero de Dios al usar un plan construye con su material un sermón que tiene unidad, orden, proporción y simetría.
    (a) Unidad (unión y conformidad). Todas las enseñanzas del sermón deben

ir unidas las unas a las otras de tal manera que la introducción, los temas secundarios, los puntos, las ilustraciones y la conclusión enseñen lo que es el tema principal del sermón.

(b) Orden. Es la colocación de las distintas partes del sermón en el lugar que les corresponde.

(c) Proporción. Es la debida conformidad o correspondencia que una parte del sermón tiene con el todo. Diez ilustraciones en un sermón lo desproporcionan.

(d) Simetría. Es la armonía que guardan entre sí todas las partes del sermón y que ayuda a darle belleza y gusto al mensaje.

3. **La Introducción.** Debe ser corta e interesante. Se emplea para presentar a los creyentes el tema y tiende a despertar el interés con el fin de preparar los ánimos para oír el mensaje.

4. **El Cuerpo y sus Divisiones.** Es la parte principal del discurso que contiene casi todo el material. Se divide en la forma siguiente:

   (a) Temas secundarios que desarrollan el tema principal.

   (b) Puntos que desarrollan los temas secundarios.

5. **La Conclusión.** Por lo general debe ser corta. Es con el fin de terminar el sermón.

6. **La Aplicación.** En el sermón uno debe aplicar la verdad o verdades a los oyentes. A veces se espera hasta la conclusión para esto; pero muchas veces se aplican otras verdades en el curso del sermón.

7. **Las Ilustraciones.** Con ellas las verdades importantes son ilustradas y aplicadas. Estas deben ser buenas. Una ilustración es una historia, incidente o hecho con que se puede enseñar una verdad espiritual. Las ilustraciones se parecen a las ventanas de una casa.

ESQUELETO PARA BOSQUEJOS

Tema Principal

Introducción

1. Tema Secundario
   (a) Punto
   (b) Punto
   (c) Aplicación

2. Tema Secundario
   (a) Punto
   (b) Punto
   (c) Aplicación

3. Tema Secundario
   (a) Punto
   (b) Punto
   (c) Aplicación

Conclusión con aplicación.

PREGUNTAS SOBRE EL CAPITULO 2

1. ¿Cómo puede se preparar y escoger el material para los sermones?

2. ¿Cuáles son las mejores maneras de guardar este material?
3. Nombre los diferentes modos de predicar.
4. ¿Qué modo le parece a usted el mejor y por qué?
5. ¿Por qué es necesario hacerles ciertas preguntas a los textos, pasajes y asuntos?
6. Aprenda de memoria los nombres de las distintas partes del sermón.

Capítulo 3

Sermones

DIFERENTES ESPECIES DE SERMONES

Los sermones se dividen fácilmente en tres grupos:
1. Sermones de Asunto o Tópico.
2. Sermones de Texto.
3. Sermones Expositivos.

Es nuestra intención dar algunos bosquejos e instrucciones sobre cada uno de estos tres grupos.

PRIMER GRUPO DE SERMONES
SERMONES DE ASUNTO

Son aquellos que desarrollan un tema, un asunto o tópico independiente de un texto o pasaje. Son los más fáciles, y aconsejamos al principiante empezar con éstos hasta que tenga un poco de práctica en el arte de predicar.

Los sermones de asunto pueden ser agrupados así:
1. **Asuntos Generales:** Son los que tratan un asunto en general, por ejemplo salvación, arrepentimiento, gracia, amor, etc.

2. **Asuntos Específicos:** Son los que se caracterizan y distinguen en especie el uno del

otro. Es de notar que cada asunto general fácilmente puede dividirse en muchos asuntos específicos. Ejemplo:
- (a) Asunto General: El Amor.
- (b) Asuntos Específicos: El amor de Dios, el amor de Jesús, el amor del Espíritu Santo, el amor paterno, el amor conyugal, el amor para con el prójimo, el amor entre creyentes, etc. El predicador que aprende a dividir los asuntos generales así; tiene una fuente inagotable de asuntos y temas para sus sermones.

3. **Asuntos Colectivos:** Son el fruto de Espíritu, la Trinidad, etc. También los asuntos colectivos pueden ser divididos. Ejemplo:
   - (a) El fruto del Espíritu.
   - (b) Amor, gozo, paz, tolerancia, benignidad, bondad, fe, mansedumbre, templanza. Cada uno de estos temas es tópico o asunto para un sermón.

4. **Asuntos Especiales:** Son el bautismo, la dedicación, la santa cena, etc.

5. **Asuntos Controversiales:** Son el purgatorio, el adventismo, la supremacía de Pedro, etc.

6. **Asuntos Textuales:** Son asuntos de un texto o pasaje.

SERMON DE ASUNTO

Tema Principal: El arrepentimiento.

Habiendo escogido el tema, uno puede decidir para sí mismo las siguientes preguntas: ¿Cuál es mi propósito? ¿Cuáles son las divisiones naturales del asunto? ¿Cuántos temas secundarios tendrá? Casi todo tema puede dividirse fácilmente en tres temas secundarios, y muchas veces éstos se dividen en tres puntos.

Tema Principal: El arrepentimiento.

Introducción: Explicar el significado de la palabra. Dolor por haber pecado y resolución de no volver a pecar.

1. **Primer Tema Secundario:** Dios lo demandó.
   - (a) Punto. Isaías 1:11-18.
     Este pasaje debe ser aprendido para que el predicador pueda dar la enseñanza sin su lectura en público.
   - (b) Aplicación: Dios exige el arrepentimiento hoy.

2. **Segundo Tema Secundario:** Jesús lo enseñó.
   - (a) Punto. Lucas 13:1-5.
     Este pasaje debe ser estudiado bien para poder explicarlo correctamente y aplicar la verdad.
   - (b) Aplicación: Jesús espera el arrepentimiento verdadero.

3. **Tercer Tema Secundario:** El Espíritu Santo lo predicó.
   - (a) Punto. Hechos 8:18-23.
     Debe conocer bien el pasaje para poder desarrollarlo con facilidad.
   - (b) Aplicación: Parece que Simón no se había arrepentido.

Conclusión: Aplicación de la verdad. El Dios trino demanda el arrepentimiento. ¿Qué harás tú?

BOSQUEJOS

En seguida damos unos cuantos bosquejos solamente con los temas secundarios. Como tarea el lector puede arreglarlos con su propia introducción, conclusión y puntos, agrupando alrededor a la vez el material que usaría al predicarlos.

Tema principal: La salvación.

1. Jesús nos salvó de la pena del pecado.
2. Jesús nos salva del poder del pecado.
3. Jesús nos salvará de la presencia del pecado.

Tema Principal: El amor de Dios.

1. Manifestado en la Creación.
2. Manifestado en la Redención.
3. Manifestado en Su paternidad.

En seguida se dan algunos temas que aconsejamos al estudiante los desarrolle con los respectivos bosquejos con el fin de prepararse y también predicar mejor los sermones. Son la cruz de Cristo, el pecado, la justificación, la santificación, la plenitud del Espíritu Santo, el infierno, el juicio, la gracia de Dios, la ley de Dios, el poder del evangelio y la vida abundante.

PREDICADORES; RECORDAD:

1. Tener bien arreglado el bosquejo.
2. Tener bien presente los temas secundarios.
3. Tener bien estudiados los puntos.
4. Tener bien recordado todo el material.
5. Tener bien memorizados los textos bíblicos.
6. Tener bien aprendidas las ilustraciones.
7. Sabe bien dónde va a aplicarse la verdad.

SERMONES

EJEMPLO 2

A continuación desarrollamos un asunto de una manera que no recomendamos. Es muy fácil hacerlo así, pero en adelante mostramos la mejor manera de desarrollar el mismo asunto. Siempre debemos trabajar para lograr lo que es mejor.

Tema Principal: Jesús, la Luz del mundo.

Introducción: Se puede hablar sobre la utilidad de la luz.

1. La Luz eterna.
    - (a) Luz desde el principio.
    - (b) Luz que ilumina todo hombre. Juan 1:9.
    - (c) La Luz del futuro. Apocalipsis 21:23.

2. La Luz prometida. Isaías 9:2.

3. La Luz venida. Mateo 4:12-16.

4. La Luz brillando. Sus tres años de ministerio.

5. La Luz venciendo las tinieblas. En la Cruz. Colosenses 2:14, 15.

6. La Luz glorificada. Hechos 1:9.

7. La Luz trabajando. Trabajando por medio de sus siervos. Mateo 5:14.

Conclusión: ¿Qué ha hecho usted con esta Luz?

Damos el mismo sermón arreglado bajo tres temas secundarios para mostrar al predicador cuán fácil es prepararse mejor por medio del estudio.

Tema Principal: Jesús, la Luz del mundo.

Introducción: Usted puede hablar de la utilidad de la luz.

1. La Luz eterna.
    (a) Desde el principio.
    (b) Que ilumina a todo hombre. Juan 1:9
    (c) Del futuro. Apocalipsis 21:23.

2. La Luz venida.
    (a) La Luz prometida. Isaías 9:2.
    (b) La Luz venida. Mateo 4:12-16.
    (c) La Luz brillando. Sus tres años de ministerio.
        (1) En Su ejemplo.
        (2) En Sus milagros.
        (3) En Sus enseñanzas.
    (d) La Luz venciendo las tinieblas, Col. 2:14-15.

3. La Luz glorificada.
    (a) Glorificada. Hechos 5:31.
    (b) Trabajando por intermedio de nosotros. Mateo 5:14.

Conclusión: ¿Qué ha hecho usted con esta Luz?

Es una buena tarea tratar de arreglar algunos de sus sermones de una mejor manera.

Como tarea desarrollar un sermón semejante sobre el tema Jesús la Puerta.

EJEMPLO 3

Se puede escoger un asunto y por medio de ejemplos bíblicos desarrollar este tema principal, usando los ejemplos bíblicos como los temas secundarios, o se puede escoger tres personajes bíblicos y usarlos como los temas secundarios, y desarrollar el sermón con su tema principal, etc.

Tema Principal: El vituperio de Cristo.

Introducción: Explicar el significado de la palabra vituperio y contar cómo va a desarrollar el tema.

1. Moisés. Hebreos 11:24-26. Tiene que contar la historia de Moisés mostrando el gran contraste entre la grandeza del Imperio Egipcio y la pobreza hebrea y mostrar por qué razón Moisés escogió el vituperio.
Aplicación: ¿Ud. escogería como Moisés?

2. Abraham. Hebreos 11:8-10. Enseñar su historia y el por qué de su escogimiento.
Aplicación: ¿Tenemos la misma esperanza de Abraham?

3. Jesús. Filipenses 2:6-8. Mostrar el contraste entre la gloria de Dios y el vituperio de la cruz y por qué escogió Jesús la cruz.
Aplicación: ¿De qué nos hemos despojado por Cristo?

Conclusión: Hebreos 13:12, 13. Salgamos a El llevando Su vituperio.

Hay un sin número de temas que pueden ser desarrollados de esta misma manera. Por ejemplo:

Tema Principal: La fe en obra.

1. Abel. Su fe obrando en el sacrificio.
2. Enoc. Su fe obrando en traslación.
3. Noé. Su fe obrando para su salvación y la de los suyos.

Como tarea desarrolle un sermón semejante sobre Samuel, Elías, Eliseo y otro usando como temas secundarios Felipe, Esteban, y Ananías de Damasco; y otro sobre Ananías, Hechos 5:1-6; Demas, II Timoteo 4:10; Juan Marcos, Hechos 15:36-41.

SERMON DE ASUNTO DESARROLLADO DE UN PASAJE

El Desarrollo:
1. Lea el pasaje.
2. Escoja el tema principal.
3. Decida las divisiones y los temas secundarios.

Pasaje: Mateo 6:5-15.

Tema Principal: La Oración.

Introducción: Jesús en Su vida diaria ejemplificaba la oración.

1. La oración ejemplificada. vs. 5-8.
    (a) La oración del hipócrita. v. 5
    (b) La oración del creyente. v. 6.
    (c) La oración del pagano. vs. 7, 8.

2. La oración ejemplar. vs. 8b-13.
    (a) Vuestro Padre conoce vuestras necesidades.
    (b) Lo relacionado con Dios. vs. 9, 10.
    (c) Lo relacionado con nosotros. vs. 11-13.

3. La oración y el perdón. vs. 14, 15.
    (a) Dios perdona a los que perdonan, v. 14.
    (b) Dios no perdona a los que no perdonan, v. 16.

SERMONES

Conclusión: Que llevemos todas estas lecciones a nuestros corazones para ponerlas en práctica.

Como tarea desarrollar sermones semejantes sobre los siguientes pasajes: Mateo 7:1-6; 7:15-23.

SERMONES DE ASUNTO
BASADOS SOBRE UN TEXTO

Escoger un texto y sobre la verdad contenida en él desarrollar un sermón.

EJEMPLO 1

El Texto: Números 32:23. "Mas si así no lo hacéis, he aquí habréis pecado ante Jehová; y sabed que vuestro pecado os alcanzará".

Tema Principal: El alcance del pecado.

Introducción: Relata la historia pecaminosa del pueblo de Israel desde el Sinaí hasta las planicies de Moab reiterada por Moisés en su discurso en Deuteronomio capítulos 1 a 4.

1. El alcance del pecado en esta vida.
    - (a) La historia de la muerte de Herodes comido de gusanos. Hechos 12:1-23.
    - (b) Cualquier historia o ejemplo conocido del pecador, o Jezabel, esposa del esposa del rey Acab. 1 Reyes 21:1-29; 2 Reyes 9:30-37.
    - (c) Aplicación: ¿Todavía tiene alcance el pecado en su vida?

2. El alcance del pecado en la conciencia.
    - (a) Las grullas de Ibicos.
    - (b) Judas Iscariote. ¿Qué fue lo que lo mató?
    - (c) Simón Pedro. ¿Por qué lloró amarga-

mente?
- (d) Aplicación: ¿Está sufriendo en su conciencia ahora?

3. El alcance del pecado en la eternidad.
   - (a) Ilustrado por el rico y Lázaro. Lucas 16:19-31.
   - (b) Aplicación: La eternidad es muy larga.

Conclusión: Un llamamiento a los oyentes por medio de una ilustración que fije la atención sobre un pecador, mostrando por ella cómo Dios busca al perdido.

EJEMPLO 2

El Texto: Jeremías 2:13. "Porque dos males ha hecho mi pueblo: me dejaron a mí, fuente de agua viva, y cavaron para sí cisternas, cisternas rotas que no retienen agua".

Tema Principal: Dos males ha hecho mi pueblo.

Introducción: Podría decir algo del carácter y llamamiento de Jeremías.

1. El primer mal.
   - (a) Dejar a Jehová fuente de agua viva. Usar la historia de Israel (las diez tribus) y su tristeza desde Jeroboam hasta el cautiverio para enseñar la verdad.
   - (b) Aplicar la verdad a los oyentes con una ilustración de su propio conocimiento.

2. El segundo mal.
   - (a) Cavar para sí cisternas rotas que no retenían agua. Usar las partes de la

historia de Judá (las dos tribus) para mostrar como decidieron seguir a Baal, Astarot y otros dioses falsos.
(b) Aplicar la verdad a los oyentes con un ejemplo de actualidad conocido por usted.

Conclusión: Usar Jeremías 3:14 como un llamamiento.

SERMONES DE PALABRA O FRASES CLAVES

Esta clase de sermón es muy parecida a la de los sermones de asunto basados sobre un texto. Para desarrollarlos se escoge una palabra o una frase que está repetida varias veces en un pasaje, en un libro o en toda la Biblia. Estas palabras o frases son usadas como temas secundarios del sermón. Uno tiene que escoger palabras o frases que tiendan a la explicación de verdades espirituales.

EJEMPLO 1

Tema Principal: Mirando a Sodoma. Capítulo 13 hasta el final del 19 de Génesis.

Introducción: Miremos donde está puesto nuestro corazón. Mateo 6:21.

1. Lot miró hacia Sodoma. Génesis 13:10-13.
    (a) Vio la hermosura de la llanura.
    (b) Fue una mirada de avaricia, codicia.
    (c) Escogió de acuerdo con su deseo. Mateo 6:23.
    (d) Pronto le vemos viviendo en Sodoma; todo lo perdió.
    (e) Aplicación: ¿Estamos mirando hacia Sodoma? Tengamos en cuenta los peligros.

2. Jehová miró hacia Sodoma. Génesis 18:16.
   - (a) Con justicia. Génesis 18:20.
   - (b) Con benignidad. Génesis 18:21.

3. La mujer de Lot miró hacia Sodoma. Génesis 19:26.
   - (a) Escapando con Sodoma en su corazón. Génesis 19:16.
   - (b) Miró donde tenía su corazón y pereció. Génesis 19:26.
   - (c) Aplicación: ¿Seguiremos el llamamiento de nuestro corazón? Dios o Mamón. Mateo 6:24.

4. Abraham miró hacia Sodoma. Gén. 19:28.
   - (a) Con esperanza. Génesis 19:23.
   - (b) Con dolor. Génesis 19:28. ¿Cómo estamos mirando al mundo perdido?
   - (c) Cristo miró a Jerusalén de igual manera. Lucas 19:41, 42.
   - (d) Dios miró al mundo así. Juan 3:15, 16.

Conclusión: ¿Hacia dónde estamos mirando? Una recapitulación corta de los puntos para hacer hincapié, y para hacer la invitación.

En seguida van otros temas principales con sus temas secundarios que el predicador puede desarrollar por sí mismo.

La palabra clave: Venid.

Tema Principal: El llamamiento de Jesús.

1. Jesús llama a la salvación. Mateo 11:28; Mateo 22:1-6; 22:7-10.

2. Jesús llama al discipulado. Mateo 4:19; Lucas 9:51; Mateo 10:37-39.

3. Jesús llama a Su reino. Mateo 22:4; 25:34.

Conclusión: ¿Oirá el llamamiento que Jesús le hace? ¿cuál de los tres? o ¿todos tres?

También se pueden usar frases dramáticas que tienen la misma palabra, pero cada frase diferente enseñando una nueva verdad.

Tema Principal: Jesucristo.

1. He aquí el Hombre. Juan 1:29.

2. He aquí el Cordero. Juan 1:29.

3. He aquí tu Rey. Juan 12:15.

4. Ved aquí al Dios vuestro. Isaías 40:9.

EJEMPLO 2

Se pueden tomar los distintos nombres dados a una persona, o a varias personas, y explicar el significado de cada uno de ellos. Debemos tener el cuidado de escoger los nombres que se presten para enseñar verdades espirituales.

1. Dios: Creador, etc.
2. Jehová: El que cumple Su pacto, Redentor.
3. Señor: Maestro, Amo y Dueño.

En el desarrollo de este sermón se pueden usar ejemplos de la Biblia que ilustren el uso correcto de estos nombres. Sobre los nombres dados a Dios uno podría usar las otras derivaciones.

En seguida va un sermón que usa los nombres de unos siervos de Dios.

1. Abraham, mi siervo.

2. David, el hombre tras de mi corazón.
3. Daniel, varón de deseos.
4. Josué, el siervo de Moisés.

Tema Principal

Introducción: Dios está buscando personas para usar en Su viña.

1. Abraham, mi siervo. ¿Por qué lo fue?
    (a) Obediencia.
    (b) Fe.

2. David, el hombre de mi corazón. ¿Por qué fue llamado así?
    (a) Su celo para con Dios y Su casa.
    (b) Humildad en reconocer su pecado.

3. Daniel, varón de deseos. ¿Por qué lo llamó Dios así?
    (a) Fidelidad como joven.
    (b) Fidelidad como anciano.

4. Josué, siervo de Moisés.
    (a) Su humildad: El que desea gobernar tiene que servir.

Conclusión: ¿Estamos listos a servir cueste lo que nos cueste?

Si desea, puede usar los siguientes nombres: Pedro, Juan 1:42; Juan, Marcos 3:17; Natanael, Juan 1:47. Debe coordinarlos.

Como tarea, escoja ciertos nombres y desarrolle un sermón sobre ellos, con introducción, tema principal, temas secundarios, puntos y conclusión. Por ejemplo: Débora, Ana, Ester.

EJEMPLO 3

También se podría tomar un capítulo de la Biblia y hablar sobre los nombres dados a una persona de quien este capítulo nos habla. Por ejemplo, en el primer capítulo del Evangelio de Juan hay unos dieciocho nombres dados a nuestro Señor, que podrían usarse para mostrar la perfección de Jesús. Estos son los siguientes: Verbo, Dios, Vida, Luz, Unigénito del Padre, Jesucristo, Señor, Cordero de Dios, Varón, Hijo de Dios, Rabí, Mesías, Hijo de José, Rey de Israel, Hijo del hombre, Unigénito Hijo, Cristo, Maestro.

Algunos Salmos se prestan mucho para esta clase de sermón. Salmo 18:1,2.

SEGUNDO GRUPO DE SERMONES

SERMONES DE TEXTO

Reglas:

1. Escoger el texto.

2. Estudiarlo bien con su contexto y material.

3. Notar bien las divisiones naturales del texto. Muchas veces estas divisiones naturales determinan los temas secundarios, pero no siempre.

4. Decidir cuántos temas puede desarrollar y cuáles son.

5. ¿Cuántos temas secundarios habrá?

6. ¿Se usarán ilustraciones?

7. ¿Cuándo se hará la aplicación?

LAS TRES CLASES DE SERMONES DE TEXTO

1. Usando las divisiones principales del texto como las divisiones del sermón y escogiendo un título para cada división como tema secundario.

2. Usando las frases principales del texto para las divisiones del sermón y también para los temas secundarios.

3. Usando las palabras principales del texto para las divisiones del sermón y también para los temas secundarios.

SERMONES DE TEXTO

Primera Clase

Usando las divisiones principales del texto como divisiones del sermón y escogiendo un título para cada división como tema secundario.

Texto: 1 Samuel 7:3. "Habló Samuel a toda la casa de Israel, diciendo: Si de todo vuestro corazón os volvéis a Jehová, quitad los dioses ajenos y a Astarot de entre vosotros, y preparad vuestro corazón a Jehová, y sólo a él servid, y os librará de la mano de los filisteos".

¿Cuántos temas podemos desarrollar? Uno. ¿Cuál es? El arrepentimiento. ¿Cuántas divisiones hay en el texto? Cinco. ¿Cuántos temas secundarios hay? Tres solamente.

Tema Principal: El arrepentimiento.

Introducción: La historia de este encuentro de Samuel con los israelitas.

1. El arrepentimiento.
    (a) Si de todo corazón os volvéis a Jehová. Volver así requiere: Dolor por haber pecado y resolución de no volver a pecar más.

2. Las obras del arrepentimiento.
    (a) Quitad los dioses ajenos, Astarot. ¿Cuáles son éstos para los oyentes?
    (b) Preparad vuestro corazón a Jehová. ¿Cómo deben hacerlo los oyentes?
    (c) Sólo a El servid.

3. El resultado del arrepentimiento.
    (a) Os librará de los filisteos, vuestros enemigos.
    (b) ¿Cuáles son los enemigos de los oyentes?
        (1) El pecado.
        (2) El yo.
        (3) Las obras de la carne.
        (4) Etc.

Conclusión: ¿Quién va a arrepentirse?

BOSQUEJOS

Ahora damos unos bosquejos proporcionando solamente los temas secundarios. Los lectores pueden arreglarlos con los debidos puntos y material si así los desean predicar.

Texto: Romanos 1:16.

Tema Principal: El Evangelio.

1. ¿Qué es el Evangelio?
2. El Evangelio poderoso.
3. El Evangelio salvador.

Texto: Juan 3:16.

Tema Principal: Vida eterna.

1. La extensión de Su amor.
2. La promesa de Su amor.
3. La consecuencia de Su amor.

Texto: Juan 4:24.

Tema Principal: Los adoradores de Dios.

1. Dios.
2. Los adoradores.

SERMONES DE TEXTO

Segunda Clase

Usando las frases principales del texto para las divisiones del sermón y también para los temas secundarios.

Texto: Romanos 5:1. "Justificados, pues, por la fe, tenemos paz para con Dios por medio de nuestro Señor Jesucristo".

Tema Principal: La justificación.

Introducción: Puede explicar el significado de la palabra justificación, que quiere decir ser declarado justo por Dios.

1. Justificados pues por la fe.
    - (a) ¿Qué es ser justificados?
        - (1) El diccionario dice...
        - (2) La Biblia dice...
    - (b) ¿Cómo somos justificados? ¿Por obras? ¿Por sacramentos? ¿Por hechos humanos? No.

(c) Por la fe. ¿Qué es la fe? Hebreos 11:1-6; Santiago 2:14-26.

2. Tenemos paz para con Dios.
    (a) ¿Quién tiene paz? Nosotros, pecadores indignos. Romanos 3:10-19.
    (b) ¿Qué es esta paz? Dé una ilustración.
    (c) ¿Con quién tenemos paz? Con Dios. Antes éramos flacos, Romanos 5:6; pecadores, 5:8; enemigos, 5:10.

3. Por medio de nuestro Señor Jesucristo.
    (a) ¿Cómo nos llegó esta paz? ¿Cómo fuimos justificados? Por un Mediador.
        (1) El Señor: El Maestro, El Amo, El Dueño.
        (2) Jesús: El Salvador. Mateo 1:21.
        (3) Cristo: El Ungido, Salmo 2:2,7; El Enviado, Lucas 4:18-21.

Conclusión: Haga un corto resumen de los temas secundarios y una invitación para aceptar por la fe esta justificación y paz tan grande en Jesucristo.

En seguida van unos textos que fácilmente pueden ser desarrollados de esta manera.

Texto: Miqueas 6:8. "Oh hombre, él te ha declarado lo que es bueno, y qué pide Jehová de ti: solamente hacer justicia, y amar misericordia, y humillarte ante tu Dios".

Tema Principal: El deseo de Dios.

Introducción: "Oh hombre, él te ha declarado lo que es bueno, y qué pide Jehová de ti".

1. Hacer justicia o juicio.

2. Amar misericordia.
3. Humillarte para andar con tu Dios.

Conclusión: Hay bendición para la persona que obedece. ¿Quién quiere esta bendición?

Texto: Santiago 1:27.

1. La religión pura y sin mácula.
2. Visitar los huérfanos y las viudas.
3. Guardarse sin mácula de este mundo.

Como tarea puede desarrollar estos dos bosquejos.

SERMONES DE TEXTO

Tercera Clase

Escoger un texto que tenga tres o más palabras sobresalientes y usar estas palabras como temas secundarios, haciendo hincapié no solamente sobre ellas, sino explicando también las verdades contenidas en cada una de las palabras elegidas.

EJEMPLO 1

Texto: 1 Juan 4:8. "Dios es amor".

Tema Principal: El amor.

Introducción: Quizá podría usted mostrar la diferencia entre amor y amores.

1. Dios.
    (a) Los dioses de los hombres son crueles: Hay los de la fuerza, de la venganza, y los impuros, etc. Puede usar ejemplos de la India y de Grecia, etc.
    (b) El verdadero Dios es:

SERMONES

   (1) Creador. Génesis 1 y 2.
   (2) Sustentador. Colosenses 1:17.
   (3) Salvador. Colosenses 1:19-22.

2. Es.
  (a) La palabra "es" es una inflexión del verbo ser. Ser denota permanencia y existencia.
  (b) "Es" está en presente. No ha pasado, ni espera.
  (c) Amor es la naturaleza de Dios; es Su esencia.
  (d) Los hombres tienen amor; algo que han recibido.

3. Amor.
  (a) Hay amor en la creación.
  (b) Hay amor en la obra de la Redención. Romanos 5:6-10.
  (c) Hay amor en todos Sus hechos, aun en los que parecen ser duros. Hebreos 12:5-7.

Conclusión: ¿Qué hará usted con este Dios de amor que hizo tanto para usted?

EJEMPLO 2

Texto: Mateo 8:26. "El les dijo: ¿Por qué teméis, hombres de poca fe? Entonces, levantándose, reprendió a los vientos y al mar; y se hizo grande bonanza".

Las palabras importantes son teméis, levantándose, reprendió y grande bonanza.

Tema Principal: Jesús omnipotente.

Introducción: "El les dijo". Tiene que contar algo de la historia relacionada con el caso.

1. ¿Por qué teméis? Tiene que hablar del temor y qué trae el temor.

2. Levantándose, reprendió. Como Jesús mostró Su poder, también lo hace hoy entre los suyos, etc.

3. Grande bonanza. Lo hace en iglesias, naciones, vidas, etc.

Conclusión: Cierta aplicación e invitación.

Como tarea desarrolle sermones semejantes sobre los siguientes textos:
1. Exodo 2:24, 25. Use las siguientes tres palabras como temas secundarios: oyó, se acordó y miró.
2. Apocalipsis 3:20. Use: Introducción. "He aquí, yo estoy a la puerta y llamo". Temas secundarios las siguientes palabras: oye, abre y entraré.

SERMONES DE TEXTO Y SU DESARROLLO
POR MEDIO DE EJEMPLOS BIBLICOS

Se puede escoger un texto o un pasaje y desarrollarlo por medio de ejemplos bíblicos.

EJEMPLO 1

Texto: Mateo 5:14-16.

Tema Principal: Vosotros sois la luz del mundo.

Introducción: Hacer una comparación entre la luz del sol, la de la luna y la de las estrellas.

1. Abel. Hebreos 11:4 y Génesis 4:4-8.
2. Enoc. Hebreos 11:5 y Génesis 5:22-24.

SERMONES 51

3. Noé. Hebreos 11:7 y Génesis 6.
4. Abraham. Hebreos 11:8,9 y Génesis 22.

Conclusión: ¿Cómo podemos nosotros llegar a ser luces en el mundo?

El predicador tiene que contar la historia de estos escogidos de tal manera que los oyentes vean cómo iluminaron su generación y aún hoy la siguen iluminando.

EJEMPLO 2

Los textos Mateo 11:28 y Romanos 5:1 podrían ser tratados de la misma manera.

Texto: Mateo 11:28. "Venid a mí todos los que estáis trabajados y cargados, y yo os haré descansar".

Tema Principal: Venid a descansar.

Introducción: Ilustración de un cansado peregrino llegando a la casa de noche para hallar descanso.

1. Enoc. En medio de la vida del hogar halló descanso caminando con Dios. ¿Es nuestra vida diaria una de descanso? Como Enoc alcanzó, podemos nosotros también alcanzarla.

2. Abraham. Halló descanso en una tierra lejana como peregrino, obedeciendo a Dios. Podemos nosotros hallarlo de la misma manera.

3. Jacob. Después de algunos 30 años de fatiga trabajando en la carne, al entregarse completamente a Dios, Jacob halló descanso.

Así también podemos nosotros.

Conclusión: Podría hacer una corta recapitulación de los tres casos llamando a los asistentes a una consagración de su vida a Cristo.

Como tarea el estudiante puede desarrollar un sermón sobre Isaías 1:18 con el tema perdón y limpieza, usando las siguientes personas: Zaqueo, un pecador redimido, Lucas 19:1-10; David, un santo restaurado, Salmo 51; Juan Marcos, un obrero restablecido, II Timoteo 3:11.

TERCER GRUPO DE SERMONES

SERMONES EXPOSITIVOS

Ahora llegamos al último grupo de sermones, el cual es una mina de oro para el obrero. Vamos a dar unos ejemplos usando algunos métodos distintos de aplicación, que abrirán un campo muy extenso al lector. Quizá es el método más provechoso y menos usado. Muchos fallan en el uso de este método porque piensan que sólo tienen que escoger un pasaje y explicar los que les venga a la mente. El obrero que espera usar este método con éxito debe estudiar la Biblia más que nunca, la concordancia, las referencias en el margen de la Biblia y unos buenos comentarios tales como: *El Nuevo Testamento con Notas*, *Los Evangelios Explicados*, *El Expositor Bíblico* o *El Sendero de la Verdad* con sus notas sobre las lecciones de las escuelas dominicales.

Un sermón expositivo es la explicación, interpretación y declaración del sentido genuino de un pasaje, una parábola, un capítulo, un libro, una vida, etc.

ALGUNAS REGLAS

1. Escoger el pasaje, parábola, capítulo o libro.

2. Estudiar bien el pasaje escogido.

3. Estudiar bien el contexto del pasaje.

4. Estudiar bien el material recolectado.

5. Decidir la manera de la exposición.
   (a) Sea por medio de temas secundarios.
   (b) Sea por explicarlo versículo por versículo.
   (c) Sea la explicación frase por frase.
   (d) Sea por explicarlo palabra por palabra.
   (e) Sea por explicarlo capítulo por capítulo.

Nota. Si en estos sermones se escoge el exponer la verdad por medio de temas secundarios, entonces se desarrollan en la misma forma en que son desarrollados los sermones de asunto.

Los ejemplos 1 a 7 de este grupo son desarrollados por medio de temas secundarios. Por esto son desarrollados como los que son sermones de asunto.

EJEMPLO 1

LA EXPLICACION ESPIRITUAL DE UN SUCESO SEA EN LA VIDA DE JESUS O DE OTRA PERSONA

Pasaje: Lucas 19:1-10. Jesús y Zaqueo.

Tema Principal: "El Hijo de Hombre vino a buscar y a salvar lo que se había perdido".

Introducción: La gente busca la salvación por varias razones.

1. Zaqueo buscó a Jesús. vs. 3, 4.
    (a) Su vocación: publicano odiado.
    (b) Su estatura: pequeña. Todo hombre es pequeño delante de Dios.
    (c) Su decisión: ir a Jesús, sin importarle las dificultades.

2. Jesús halló a Zaqueo. vs. 5-7.
    (a) Jesús le halló. Jesús encuentra a todos los que le buscan.
    (b) Jesús le mandó acercarse.
    (c) Zaqueo invitó a Jesús a la casa. Debemos invitarle a Jesús al corazón.

3. Resultado: La salvación de Zaqueo. vs.8-10.
    (a) Zaqueo lo recibió. Salvación.
    (b) Zaqueo se arrepintió. Sus hechos de restitución lo demostraron.
    (c) La salvación se consigue cuando el alma que busca a Jesús es hallada por El.

Conclusión: ¿Hay algún Zaqueo aquí hoy?

Nota: Como tarea el lector o predicador puede desarrollar un sermón igual sobre los siguientes pasajes: Lucas 7:36-50; Mateo 9:7-13.

EJEMPLO 2

EXPLICACION ESPIRITUAL DE UN MILAGRO

Pasaje: Marcos 2:1-12. El hombre llevado por cuatro.

Tema Principal: La salvación.

Introducción: Hay cuatro clases de personas entre los oyentes.

1. Los cuatro. Tipo de creyentes llevando pecadores a Jesús. Por la fe vencieron todas las dificultades.

2. El paralítico. Tipo de pecador incapacitado por su enfermedad, muerto en pecados.

3. Los escribas. Tipo de incrédulos religiosos satisfechos de sí mismos.

4. La multitud. Tipo de las multitudes sin pastor. Se asombraron y glorificaron a Dios, pero no recibieron la salvación.

5. Jesús.
    (a) El que prueba la fe de los suyos.
    (b) El que ve el corazón y no los hechos.
    (c) El que perdona los pecados.
    (d) El que escudriña los corazones.
    (e) El que regaña la incredulidad.
    (f) El que sana.

Conclusión: ¿Entre qué clase te encuentras?

Nota: Para mayor práctica el lector o predicador puede desarrollar otros sermones de esta clase sobre los pasajes: Mateo 8:28-34; 20:29-34; Juan 5:2-9.

Al usar un pasaje como Mateo 8:28-34 el estudiante hallará más material para sacar un buen sermón comparando los otros pasajes de la misma historia que se hallan en Marcos 5:1-20 y Lucas 8:26-39.

EJEMPLO 3

UNA VIDA EJEMPLAR
QUE NO ES TIPO DE CRISTO

Caleb.

Tema Principal: Siguiendo al Señor de todo corazón.

Introducción: Cuente cómo Caleb salió de Egipto con Israel y pasó por todas las pruebas entre Egipto y Cades-Barnea.

1. Fiel en la adversidad: Caleb entre los espías.
    (a) Reconociendo la tierra prometida.
    (b) Dando su informe. ¿Seríamos fieles en tal prueba?

2. Fiel en la prueba: Caleb en el desierto.
    (a) Cuarenta años de prueba con un pueblo rebelde.
    (b) ¿Cómo somos nosotros en las pruebas?

3. Fiel en la lucha: Caleb en la conquista.
    (a) Luchando con los israelitas.
    (b) El creyente tiene que luchar por Cristo.

4. Fiel en la prosperidad. Caleb en el repartimiento de la tierra.
    (a) Pidió lo suyo. Debemos pedirle a Dios nuestra herencia.
    (b) No fue como Gedeón que hizo una imagen. ¿Cómo somos nosotros en la prosperidad? Es más difícil ser fieles a Dios en la prosperidad que en la prueba.

Conclusión:

Nota: Como tarea el lector puede escoger la vida de alguna persona mencionada en la Biblia, y desarrollar un sermón como los ejemplos anteriores. Tales personajes bíblicos pueden ser Noé, Moisés, Jeremías, Ana, María, Juan, Demas, etc.

EJEMPLO 4

Una vida ejemplar: Jacob.

Tema Principal: El vencido venciendo.

Introducción: Jacob es un buen ejemplo de nuestras vidas.

1. Un hombre natural.
    - (a) Vida en el hogar. Amado de su madre.
    - (b) Su relación con Esaú. Le quitó la primogenitura y la bendición.
    - (c) Su huida, visión, salvación y voto.

2. Un hombre carnal.
    - (a) Su llegada a Harán.
    - (b) Su matrimonio.
    - (c) Su vida con su familia, y sus relaciones con Labán.

3. Un hombre espiritual.
    - (a) Regresando a su hogar por orden de Dios.
    - (b) Su encuentro con Dios. El vado de Jaboc.
    - (c) Su encuentro con Esaú.

4. Un hombre vencedor.
    - (a) Su ida a Bet-el y su vida allí.
    - (b) Su ida a Egipto.

(c) La bendición a sus hijos y su muerte.

En esta clase de sermón el predicador compara los hechos de Jacob con los nuestros, la relación que Jacob tuvo con otras personas y con Dios, con el fin de enseñar lecciones morales y espirituales como ejemplos o como advertencias.

El predicador puede usar personajes tales como Enoc, Isaac, Sansón, Elí, Jeremías, Daniel, Pedro, etc., con mucha bendición para sí mismo y para sus oyentes. También sería bueno preparar algunos sermones usando como base la vida de algunos de los personajes nombrados.

EJEMPLO 5

SERMON DE COMPARACION Y CONTRASTE

Dos personas: Jacob y Esaú.

Texto: Malaquías 1:2,3.

Tema Principal: Carnalidad o espiritualidad.

Introducción: El predicador puede explicar que las lecciones espirituales serán enseñadas por medio de comparación y contraste.

1. El hombre natural.
   Ambos nacieron de los mismos padres. Vivieron en el mismo hogar. Recibieron las mismas enseñanzas. Esaú amado de Isaac y Jacob de Rebeca.
   Aplicación: División en el hogar tiene malos resultados en los hijos.

2. El hombre carnal.
   Esaú buscó las cosas terrenales, vendió su primogenitura, perdió la bendición, se casó

y llegó a ser padre de los edomitas. Jacob buscó las cosas de Dios en una manera carnal, mintió, engañó, tuvo que huir. Se encontró con Dios e hizo pacto con El Siguió buscando a Dios en la carne en la casa de Labán.
Aplicación: El que busca a Dios, aunque en la carne, Dios le llevará paso a paso hasta la victoria.

3. El hombre espiritual.
El encuentro de Jacob con Jesús, su victoria sobre sí mismo y Esaú. Dios cambió su naturaleza y su nombre. Jacob—Engañador. Israel—Príncipe.
Aplicación: Dios hará esto con todos aquellos que le busquen en verdad.

Conclusión: Dios llevó a Su hijo hasta la victoria. Así nos llevará a nosotros, pero no hay que tomar tanto tiempo como Jacob para llegar al lugar de bendición.

La vida de Esaú es una advertencia para todos los que rechazan la luz y el llamamiento de Dios.

Esta clase de sermón está llena de instrucciones para el predicador y su grey. Es uno de los métodos que más usaron Jesús, los apóstoles y los profetas.

Damos unos ejemplos para ayudar al lector a utilizarlos y a buscar otros más.

    Dios y mamón
    Los dos hijos
    Los dos pactos
    Jerusalén y Babilonia
    La fe y las obras
    El fariseo y el publicano

Las diez vírgenes
El Sinaí y el Calvario
Egipto y Canaán
La palma y el laurel
Jericó y Hai
El cordero y el cerdo
El trigo y la cizaña
Caín y Abel
El viejo y el nuevo hombre
Saúl y Samuel

Dos Montes: El Sinaí y el Calvario.

Tema Principal: La revelación de la naturaleza de Dios.

Introducción: En el Sinaí tanto como en el Calvario Dios revela a la humanidad Su naturaleza.

1. Revelación de Su santidad.
    - (a) En el Sinaí. El santo Dios demanda santidad en Sus primeros tres mandamientos del Decálogo. Exodo 20:1-3.
    - (b) En el Calvario. Satisfaciendo en la cruz la demanda de Su santidad. II Corintios 5:19-21.

2. Revelación de Su justicia.
    - (a) En el Sinaí. En los últimos seis mandamientos. Demandando justicia. Exodo 20:12-17.
    - (b) En el Calvario. Satisfaciendo Su justicia demandada. El justo muere por los injustos. Colosenses 2:13-15.

3. Revelación de Su Amor.
    - (a) En el Sinaí. En Sus dos grandes mandamientos demandando amor para con Dios y para con el prójimo. Deuteronomio 6:5; Levítico 19:18.

(b) En el Calvario. Amando a Dios y al pecador, obedeciendo al Padre y muriendo por el pecador. Romanos 5:6-10.

4. Revelación de Su misericordia.
    (a) En el Sinaí. Perdonando a los pecadores por medio de un mediador. Exodo 32:31-35.
    (b) En el Calvario. Perdonando a los pecadores por medio del único Mediador. 1 Timoteo 2:5,6.

Conclusión: Una ligera comparación de las dos revelaciones de Dios en estos dos montes, y la invitación.

EJEMPLO 6

PARABOLAS

Jesús enseñó mucho por medio de parábolas. En ellas el predicador tiene mucho material para sermones. Hay que seguir algunos consejos en cuanto a la exposición de ellas.

1. Una parábola es la narración breve de un suceso imaginario, mediante la cual se ilustra una verdad o enseñanza moral o religiosa, comparándola con alguna experiencia general común.

2. Escoger las parábolas fáciles porque hay algunas difíciles.

3. Cada parábola tiene tema. Enseñar este tema.

4. Cuando las parábolas están agrupadas como en Mateo 13, la explicación de una ayudará a acertar la explicación de las otras. Por ejemplo: dos parábolas de este grupo —el sembrador, y

la buena simiente y la cizaña — tienen explicación. Cristo da claramente los significados: el campo —el mundo; el sembrador —el Hijo del Hombre; el enemigo —el diablo; la siega —el fin del mundo; las aves —el maligno; las espinas —el afán y el engaño, etc. Como Jesús usa los mismos nombres o unos sinónimos en las otras parábolas de este grupo, la explicación dada de las interpretadas sirve para explicar las no interpretadas de este grupo.

5. Cuando la parábola no esté explicada, busque otra de la misma clase que lleve explicación.
Por ejemplo, en Mateo 22:1-14 hay una parábola sin explicación. Pero esta parábola antecede a otra que sí tiene explicación en versículos 41-45 del mismo capítulo. Fijándose bien en el versículo 46, verá el porqué Jesús refirió la parábola no explicada. La explicación es pues fácil.

También, muchas veces un cuidadoso estudio del contexto de la parábola no explicada da al estudiante la interpretación. Ejemplo: Mateo 20:1-16. La interpretación de esta parábola se halla en los incidentes que la preceden; véase Mateo 19:16-30. Jesús busca discípulos que le sigan por puro amor y cariño a El y no por el sueldo o remuneración que van a recibir; esta es la clave de la parábola.

La interpretación de las tres parábolas en Mateo 25 se halla en su contexto o en el contenido del capítulo 24 que las antecede.

6. Uno debe interpretar las parábolas siempre de acuerdo con la doctrina bíblica y no según sus ideas. Esto quiere decir que el predicador, en la explicación de la parábola, debe estar de acuerdo con todas las enseñanzas de la Biblia.

Por ejemplo, la levadura lleva en sí misma la idea de pecado en toda la Biblia. Por eso en ninguna parte de la Biblia puede tener otro significado.

La exposición de una parábola puede ser llevada a cabo en la forma de un sermón de asunto.

En la parábola de la levadura, Mateo 13:33, hay cuatro cosas que necesitan una explicación y pueden servir como temas secundarios al sermón.

Tema Principal: La levadura leudando.

Introducción: Es muy fácil que esta parábola sea una parábola profética de la apostasía general que entró en la Iglesia universal. Si así es entendida, entonces concuerda con la historia de la Iglesia.

1. El reino de los cielos. Esta frase está explicada en la parábola de la cizaña. Mateo 13:11, 37-39. También debe compararse con Mateo 4:17; 5:3.

2. La levadura. En Mateo 16:6-12 la levadura es hipocresía; en 1 Corintios 5:6,7, fornicación; en Gálatas 5:9, falsa doctrina; en Exodo 12:15 tipifica el pecado. Aquí debe ser interpretada de igual manera.

3. Una mujer. En Apocalipsis 12:1 la mujer es buena y en Apocalipsis 17:3 ella es mala. Entonces debe interpretarse de acuerdo con otras enseñanzas de la parábola.

4. La harina. En 1 Corintios 10:16, 17 se nos enseña que somos un pan en Jesús. El pan es de harina. Compare Levítico 2:1, 4 e Isaías 28:27-29.

Aplicación: Como la mujer, la falsedad introdujo en la Iglesia verdadera la levadura de la mala doctrina y todo el pecado que siguió con ella, terminando en la Iglesia apóstata, de igual manera una iglesia local puede ser contaminada. El ejemplo de la iglesia en Corinto.

En el sermón enseñe la verdad bíblica, el desarrollo histórico y la aplicación práctica tanto a nuestras iglesias locales como a nuestras vidas privadas.

Conclusión: Un llamamiento para que todos quiten la levadura de sus vidas para que pueda haber un nuevo pan o una nueva vida. I Corintios 5:7.

EJEMPLO 7

LOS TIPOS

Estos sermones sobre tipos bien pueden ser desarrollados como los sermones de asunto ordinarios, o los basados sobre un pasaje, o los basados sobre un texto.

Un tipo es un cuadro o lámina escrito ya sea en personas, animales o cosas que representan en sí mismas claramente las verdades de Cristo, del pecado, de la Iglesia y del diablo.

Pasaje: Génesis 22:1-10. Isaac.

Tema Principal: De tal manera amó Dios.

Introducción: Este pasaje muestra la obra de Dios Padre en la obra de la Redención.

1. Isaac dado.
    (a) El único hijo de Abraham. Juan 1:14
    (b) El hijo amado. Mateo 3:17.

(c) Fue dado para ser sacrificado. Mateo 3:16; I Pedro 1:20.

2. Isaac caminando hacia el altar.
   (a) Abraham alistándolo todo. Génesis 22:3.
   (b) Tres días en el camino hacia el altar. (Los tres años ministeriales de Jesús).
   (c) Isaac llevó la leña. Jesús, la cruz.
   (d) Padre e hijo fueron juntos. II Corintios 5:19.
   (e) La pregunta de Isaac. Jesús en el huerto.
   (f) Abraham llevó el fuego y el cuchillo.

3. Isaac sacrificado.
   (a) Abraham edificó el altar y lo preparó. I Pedro 1:20.
   (b) Ató a Isaac. Lo puso en el altar. II Corintios 5:21.
   (c) Extendió su mano. Jesús fue herido de Dios. Isaías 53:5-8.

Conclusión: Dios hirió a Su propio hijo por ti. ¿Qué respuesta le darás?

El predicador puede beneficiarse mucho por medio de un estudio de los tipos, pero él debe tener cuidado de usar los tipos bien escogidos. Por ejemplo, sería mal usar el rey Saúl como tipo de Cristo; él, más bien, es tipo de un apóstata. José, Moisés, los sacrificios, y el tabernáculo con sus muebles, sí son tipos de Cristo.

Pasaje: Exodo 12. El cordero pascual.

Tema Principal: El Cordero de Dios que quita el pecado del mundo.

Introducción: En este capítulo Dios nos ha dado

la enseñanza perfecta de la salvación hecha por un sustituto. Su Hijo el Cordero.

1. El Cordero dado.
    (a) Exodo 12:1-11 con Romanos 1 a 3. Israel esclavizado a un rey y a un pueblo cruel. El mundo en servidumbre al diablo y al pecado.
    (b) Exodo 12:5 con Filipenses 2:6-8. El cordero sin defecto escogido y dado. Cristo el Cordero de Dios escogido por Dios y dado para ser sacrificado.

2. El Cordero muerto.
    (a) Exodo 12:6 con 1 Corintios 15:3. El cordero muerto. Cristo fue muerto por nuestros pecados.
    (b) Exodo 12:7 con 1 Juan 1:7,9; Hebreos 9:14. La sangre untada. La familia tenía que creer en la eficacia de la sangre y mostrar su fe por el hecho de untar el umbral y los postes de la puerta para su salvación. El pecador tiene que creer en la sangre y recibirla para su salvación.
    (c) Exodo 12:13 con Hebreos 9:12 y Apocalipsis 12:11. La sangre untada era la señal para la salvación de la destrucción. Dios guardaba la casa y no dejaba al ángel destruidor entrar. Así es la sangre de Cristo para nosotros.

3. El Cordero recibido.
    (a) Exodo 12:8 con Juan 6. El cordero fue comido por los creyentes de Israel, que demuestra la aceptación para la salvación y la vida. Así es con nosotros.
    (b) Exodo 12:24-27 con Juan 3:15-20.

> La Pascua fue una señal de salvación para las otras generaciones. La salvación hecha por Cristo es para todo el mundo.

Conclusión: Como Israel, cada familia y cada persona, tuvieron que aceptar personalmente la la sangre y el cordero para su salvación, así es hoy en día.

EJEMPLO 8

LA ENSEÑANZA SIMBOLICA

1. **La literatura apocalíptica judía.** Con el regreso de los judíos de su cautiverio terminó el largo período profético del Antiguo Testamento. Con el advenimiento de Antíoco Epífanes ellos comenzaron a pasar por tiempos difíciles. Estos tiempos dieron origen a la literatura apocalíptica que apareció durante el período comprendido entre los años 210 A.C. hasta el año 200 D.C.

2. **La literatura apocalíptica tiene los siguientes propósitos:**
   (a) Esconder el mensaje de los enemigos y perseguidores.
   (b) Descubrir la verdad a los creyentes y amigos.
   (c) Consolar, instruir y dar valor a los perseguidos. Estos libros fueron escritos a personas que ya conocían los símbolos aquí usados.

3. **La literatura apocalíptica siempre tuvo un significado histórico.**
   El libro de Daniel; el del imperio babilónico y los imperios que lo siguieron. El libro del Apocalipsis; fácilmente pudo haber sido la

persecución del emperador romano Domiciano del 81 al 96 D.C., quien desterró al apóstol Juan.

4. **La literatura apocalíptica no inspirada.**
En general la literatura apocalíptica no inspirada es de paternidad seudónima. El escritor usó el nombre de otra persona, como Enoc por ejemplo.

5. **El mensaje de estos libros fue presentado por medio de visiones.**
Juan y Daniel dicen que las recibieron por inspiración, y sin duda las vieron; por eso sus libros son objetivos. Pero fácilmente los libros no inspirados fueron subjetivos. Esto es, fueron pensados y preparados por sus autores.

6. **Estos libros tenían un elemento predictivo.**
Fueron escritos en tiempos de persecución y sufrimiento y señalaban hacia un día futuro de liberación y de bendición; por tanto deben ser interpretados con cautela evitando el dogmatismo.

7. **En ellos abundaba el uso de los símbolos.**
Un símbolo es cualquier cosa que por su representación o semejanza nos da a conocer o nos explica otra. En la literatura apocalíptica los números también fueron usados simbólicamente.

8. **Interpretación.**
Si un libro es totalmente simbólico debe ser interpretado simbólicamente en su totalidad. Sería peligroso interpretar una parte literalmente y otra simbólicamente. Por ejemplo, el Apocalipsis principiando desde el capítulo 4 hasta el 22 está escrito en forma apocalíptica. Todo esto debe ser interpretado simbólica-

mente, y no parte literalmente y parte simbólicamente. Si un libro tiene partes históricas y partes simbólicas, la parte literal debe ser interpretada literalmente y la parte simbólica, simbólicamente; sin mezclar las dos en ninguna manera. El libro de Daniel es un buen ejemplo. Siendo que el simbolismo de estos libros no es fácil de interpretar, teniendo en cuenta que el Apocalipsis fue uno de estos libros llamados dudosos hasta mediados del cuarto siglo de la Iglesia y nuevamente en el tiempo de la Reforma, y siendo que las interpretaciones del Apocalipsis son tan variadas, ninguna doctrina o enseñanza que no se encuentre en los libros doctrinales de la Biblia debe ser enseñada, formada o basada sobre estos libros apocalípticos.

EJEMPLO 9

EXPOSICION DE UN PASAJE VERSICULO POR VERSICULO

Algunos consejos:

1. Determinar el número de versículos que se van a explicar.

2. El número escogido dependerá de su contenido.

3. Al escoger un pasaje debe tener cuidado de no empezar o terminar en la mitad de una idea.

4. Notar las cosas y enseñanzas importantes y hacer hincapié sobre ellas.

5. Tener cuidado de no tomar todo el tiempo en simplezas.

6. Tratar de explicar los versículos, y no toda la Biblia.

7. Explicar algunas veces frases; otras, palabras.

8. Se debe tener orden y un fin determinado.

9. Todo debe ser bien estudiado.

Pasaje: Apocalipsis 1:13-16.

Tema Principal: Jesús retratado.

Introducción: En el pasaje escogido tenemos una descripción detallada del Señor glorificado y Su carácter, y Su trabajo en Su Iglesia.

1. Uno semejante al Hijo del Hombre.
    (a) Su lugar. En medio de las iglesias.
    (b) Sus vestidos. ¿De qué hablan?
    (c) Su cinta. De oro, significa lo celestial.

2. Sus pies.
    (a) Semejantes a latón.
    (b) Ardientes como un horno.
    Los pies hablan de andar, de la vigilancia, del cuidado; de hollar, juicio y venganza. Isaías 63:3.

3. Su voz.
    Como ruido de muchas aguas. Poderosa, penetrante, de mucho alcance, llama la aten-

    netrante, de mucho alcance, llama la atención, debe ser obedecida.

4. Su diestra.
    Lugar de seguridad. Hueco de Su mano, para guiar, guardar, probar, reprender, exprimir y castigar.

- (a) Siete estrellas. Son los mensajeros.
- (b) Siete es el número de la perfección, habla de algo perfeccionado.

5. Salió de Su boca una espada de dos filos.
   - (a) Con la espada se hace guerra. Guerra contra el pecado en la iglesia.
   - (b) Significa justicia, gobierno. Su justo gobierno en la iglesia.
   - (c) Su palabra. Hebreos 4:12.

6. Su rostro.
   - (a) Como el sol. Rey de los astros. El es rey de todo.
   - (b) Cuando resplandece. Gloria, luz.
   - (c) En Su fuerza. Poder.

Conclusión: Al contemplarlo en Su gloria debemos tener el mismo espíritu de Juan y caer como muertos a Sus pies, y como Daniel. Daniel 10:8.

Tarea: Desarrollar un sermón expositivo sobre Mateo 5:13-16 con tema principal, introducción y conclusión usando las frases o palabras principales como temas secundarios.

EXPOSICION DE UN LIBRO

El predicador puede escoger un libro de la Biblia y tomar los puntos principales o las enseñanzas sobresalientes para hacer un sermón de gran beneficio a sí mismo y a su congregación.

EJEMPLO 1

El libro de Jonás. (Tomando un libro corto es muy fácil principiar esta clase de sermón.)

Tema Principal: Jonás en el crisol de Dios.

Introducción: Jonás, hebreo, quien profetizó en el reinado de Jeroboam II de Israel, contemporáneo de Oseas y Amós.

1. Jonás, el rebelde. 1:1-14.
    - (a) Enviado a Nínive.
    - (b) Huyó de Dios.
    - (c) Dios le siguió a través de las circunstancias: la tempestad, los marineros, etc.
    - (d) Jonás amó a Dios y por eso Dios arregló sus circunstancias con el fin de humillarlo y hacerlo volver a Su voluntad. Así trata Dios a los que le aman.

2. Jonás castigado. 1:15 a 2:11.
    - (a) Echado al mar, castigado por los hombres.
    - (b) En el vientre del pez, castigado por Dios.
    - (c) Después de la rebeldía vino el castigo con el fin de llevarlo al arrepentimiento.
    - (d) Dios trata de esta manera a todos los Suyos que andan en el camino de Jonás.

3. Jonás obediente. 3:1-10.
    - (a) Arrepentido, clama a Dios.
    - (b) Librado y enviado de nuevo.
    - (c) Obedeciendo. Resultado de su obediencia: una ciudad arrepentida.
    - (d) Para volver a la voluntad de Dios Jonás tuvo que:
        - (1) Arrepentirse.
        - (2) Humillarse y pedir perdón. Confesar su pecado a los que había ofendido: a los marineros y a Dios. No hay otro camino para

volver a la voluntad de Dios.
(3) Librado, obedeció donde había desobedecido.

4. Jonás el enojado. 4:1-11.
   (a) Disgustado. ¿Por qué?
   (b) Pide la muerte. ¿Por qué?
   (c) Dios preparó la calabacera, el gusano, el viento solano. ¿Para qué?
   (d) Habiendo Dios conseguido la obediencia de Su profeta por medio de las circunstancias y castigo, ahora por medio de otras circunstancias trata de enseñarle que El es Amor y espera amor y misericordia de Su profeta.

Conclusión: ¿Hemos aprendido a ver a Dios en todas nuestras circunstancias y aprender sus lecciones?

EJEMPLO 2

Basándose sobre la palabra de Jesús en Lucas 11:29-31, uno podría tratar a Jonás y su libro como un tipo de Cristo y predicar un buen sermón sobre el tema, Jonás, tipo de Cristo.

EJEMPLO 3

El libro de los Jueces.

Este libro contiene veintiún capítulos y podría ser tratado de distintas maneras y distintos aspectos de vista. Por ejemplo, podría usarse como tema principal, Caudillos de la Fe, y hablar sobre los siguientes: Débora, Gedeón y Jefté.

EJEMPLO 4

El libro de los Jueces.

Tema Principal: Fracaso y bendición.

Introducción: Hablar de la muerte de Josué y los ancianos que le siguieron.

1. Apostasía. Vez tras vez dejaron a Dios para seguir a dioses falsos. Podría contar algunas de las veces.

2. Castigo. Mandado por Dios en forma de invasiones, pestes, etc. Debe contar alguna de ellas.

3. Arrepentimiento. En su aflicción recordaron a Dios y los días de bendición y clamaron a El en arrepentimiento.

4. Bendición. Dios oyó. Les mandó profetas. Puede dar los nombres y las ocasiones. Les mandó libertadores. Dé sus nombres y su historia.

Conclusión: Lecciones espirituales.
   (a) Dios siempre castiga el pecado en Su pueblo, sea escondido o visto, sea en individuos o en un cuerpo colectivo. Cuando nos venga la aflicción, debemos escudriñar nuestras vidas.
   (b) El castigo debe llevarnos al arrepentimiento.
   (c) Después del verdadero arrepentimiento viene la bendición, sea en una persona, familia, iglesia o nación.
   (d) Debemos cuidarnos de no incurrir en el mismo pecado vez tras vez como lo hizo Israel.

Como tarea el predicador podría desarrollar unos sermones sobre los libros bíblicos.

El Libro de Josué.

Tema Principal: A la victoria con Josué.

Recordar que como Josué conquistó a Canaán así también podemos conquistar con Jesús.

El Libro de Rut.

Tema Principal: El descanso perdido y recobrado.

MENSAJES SOBRE UN LIBRO

Se puede tomar un curso de discursos basados sobre un libro de la Biblia, ya sean cuatro o seis, enseñando por medio de ellos las verdades sobresalientes del libro y sus aplicaciones a nuestras vidas, etc.

Los discursos deben ir en orden con el fin de llevar a los oyentes de una verdad a otra hasta llegar al blanco o la meta deseada. En el escogimiento del libro, los temas y su desarrollo, el predicador debe tener en cuenta si los discursos van a ser dirigidos a creyentes o a inconversos.

El Libro de Daniel.

Solamente doy los temas principales. Es de notar que estos temas podrían ser desarrollados de dos maneras.

1. Para instruir a los creyentes en las cosas espirituales y para lograr la victoria en la vida diaria, dados en una convención donde se reúne generalmente un buen número de creyentes.

2. Para llamar a los incrédulos al arrepenti-

miento y a la salvación.

CURSILLOS BIBLICOS

TEMAS PRINCIPALES PARA SEIS DISCURSOS.

1. Daniel, el cautivo, y su resolución de no contaminarse. Capítulo 1.

2. Daniel, el intérprete de sueños. Capítulos 2 y 4.

3. Los fieles amigos de Daniel. Capítulo 3.

4. Daniel, fiel a sus convicciones. Capítulo 6.

5. Daniel, hombre de oración. Capítulo 9.

6. Daniel, varón de deseos. Capítulos 10 y 11.

Es de notar que estos temas principales van en ascenso espiritual.

1. Daniel hace su fiel resolución. Por ser fiel a Dios a todo costo recibe poder.

2. Para interpretar sueños, siendo usado así para hacer a muchos otros conocedores de la verdad y sus . . .

3. Fieles amigos le imitan en su testimonio.

4. Después le viene otra grande prueba, pero sigue fiel a sus convicciones y llega a ser . . .

5. Un hombre de intercesión. Por medio de su intercesión . . .

6. Llega a tener íntima comunión con su Dios y Salvador. Son los mismos pasos que cada fiel cristiano tiene que seguir.

SERMONES

Tarea: Tome el libro de Josué y escoja cuatro temas que podrían ser usados para instruir a los creyentes en la vida de victoria siguiendo al Capitán Josué — Jesús.

SERMONES DE CONTROVERSIA

Los sermones de controversia son los más difíciles de usar para la gloria de Dios y la salvación de las almas. Las personas convertidas al evangelio después de haber vivido años engañadas por el sistema religioso de Roma, al ver la luz desean que todo el mundo vea el engaño de dicha iglesia, y entran inmediatamente en la controversia, que muchas veces llega a ser un ataque y no la predicación de la verdad. Sabemos que los sermones de controversia pueden ser usados grandemente, pero aconsejamos a los predicadores que más bien prediquen el evangelio, dejando los puntos de controversia para conversaciones privadas.

DOS CLASES DE ARGUMENTOS

1. Argumento a priori. Es argumentar desde la causa al efecto, del texto hacia afuera, del texto a otras cosas cercanas hasta llegar a las cosas de menos importancia.

2. Argumento a posteriori. Es argumentar desde el efecto hasta la causa, de las cosas de menos importancia o más remotas hasta llegar al texto o a la verdad central.

En sermones de controversia aconsejamos el uso del argumento a posteriori.

Argumento a Posteriori:
- Etcéteras. Cosas de menos importancia.
- Toda la Biblia.
- Todo el Nuevo Testamento.
- Todo el Libro.
- Todo el Capítulo.

El texto. La verdad central.

Argumento a Priori:
- Todo el Capítulo
- Todo el Libro.
- Todo el Nuevo Testamento.
- Toda la Biblia.
- Etcéteras. Cosas de menos importancia.

CONSEJOS PARA SERMONES DE CONTROVERSIA

1. Aprender a decir la verdad con amor suave y sin herir.

2. Procurar no hacer enemigos, usando los puntos equivocados de otras religiones, como excelentes y recomendables para el crítico despojado de prejuicios.

3. No debe tener un espíritu combativo.

4. El predicador nunca debe irritarse. Debe estar listo para no inmutarse, ni titubearse si una voz pública interrumpe.

5. No debe burlarse, despreciar o insultar la religión que está en discusión.

6. Es mejor no tocar puntos delicados. Ejemplo, que María tuvo más hijos.

7. Debe tocar los puntos errados más fáciles de probar, especialmente los puntos que el oyente puede dudar en su corazón, como el purgatorio. Al convencerle de que su religión está errada en algún punto es tanto como sembrar dudas en su corazón con relación a lo falso.

8. Al convencerlos de su error es necesario darles la verdad para reemplazar la falsedad.

9. Debe usar pruebas positivas de la Biblia. Recuerde que Jesús al contestar al diablo citó la Biblia.

10. Cada religión falsa contiene átomos de verdad. Háblele de esta verdad primeramente y de esta manera lo preparará para escucharle en los puntos de diferencia.

11. Debe probar la verdad discutida.
    (a) Del pasaje en discusión.
    (b) Del libro donde se encuentra el pasaje.
    (c) De los demás libros de la Biblia.
    (d) De cualquier otra manera legítima.
    (e) Si es posible, debe usar la Versión Católica Romana de la Biblia.
    (f) Puede apelar además a la historia y a la conciencia.
    (g) La controversia solamente admite el uso de la verdad y nada que sea dudoso.

12. Después de haber podido convencer la persona de su error, es necesario darle algo para llenar este lugar. Este algo es Jesucristo como su Salvador personal.

EJEMPLO 1

SON DESARROLLADOS COMO SERMONES DE ASUNTO

Tema Principal: María Virgen.

Introducción: Hable de la mujer, mostrando que fue hecha para ser compañera idónea del hombre. En el paganismo ella es esclava; en el evangelio, libre.

1. Lo que creemos de María.
    (a) Santa. Gálatas 4:4.
    (b) Muy favorecida. Lucas 1:28.
    (c) Bendita. Lucas 1:28.

2. Jesús y Su relación con Su madre.
    (a) Como niño y joven. Obediente. Lucas 2:29.
    (b) Después de Su bautismo hallamos un cambio.
        (1) En las bodas de Caná. Juan 2:3.
        (2) Su madre y Sus hermanos. Mateo 12:46-50.
        (3) Respuesta dada a una mujer. Lucas 11:27, 28.

3. El por qué no predicamos de María.
    (a) Porque Pedro, Esteban, Felipe y Pablo sólo predicaron de Jesús.
    (b) Porque todos los escritores del Nuevo Testamento solamente escribieron de Jesús.
    (c) El Nuevo Testamento nombra a María 19 veces y nombra a Jesús 1.263 veces.

4. El testimonio que María da de Jesús.
    (a) El único mandamiento de María. Juan 2:3.
    (b) Su testimonio: Dios mi Salvador. Lucas 1:47.
    (c) Jesús hablaba de Su hora. Mostró a Su madre que Su hora era la de la redención de la humanidad, y llevada a cabo ésta, tendría algo que ver con ella. Juan 2:4; 7:6, 8, 30; 12:23, 27; 13:1; 17:1.

Conclusión: Debemos seguir el ejemplo de María y no las enseñanzas de los hombres.

EJEMPLO 2

Tema Principal: Simón Pedro.

1. Pedro como hombre.

2. Pedro como apóstol.
   (a) Antes de Pentecostés.
   (b) Después de Pentecostés.

3. Cristo, el fundamento.

EJEMPLO 3

Tema Principal: El día de descanso.

Introducción: Este día en Colombia y en los países católico-romanos ha sido hecho un día de negocios. Una de las pruebas de que el catolicismo romano está en este error.

1. Su principio. Génesis 1:31 a 2:3.
   (a) Dios descansó, reposó en el séptimo día.
   (b) Dios bendijo el día de reposo, Su séptimo.
   (c) Lo santificó, lo separó de los otros para un fin.
   (d) Lo hizo como testimonio al hombre, para que aprendiera, "porque en él reposó Dios de toda su obra".
   (e) Este séptimo día era para el hombre su primer día de vida, en este primer día descansó con Dios.

2. Incluido en la ley dada por Moisés. Exodo 20:8-11.
   (a) Acuérdate del día de reposo. 20:8.
   (b) Para santificarlo, separándolo de los otros. 20:8.

(c) Tiene que hacerlo porque Dios lo hizo. 20:11.
(d) Seis días para el hombre y su trabajo. 20:9.
(e) Un día para dedicarlo a Dios, para pensar en Dios, para adorarle, y para aprender de El. 20:10.
(f) Para recordarles que eran esclavos, y fueron rescatados. Para recordar la Redención por medio del cordero, y el poder de Dios. Deuteronomio 5:15; Exodo 12.

3. Es señal entre Dios e Israel. Exodo 31:13-15.
   (a) Señal de que sois santificados — separados — para mí, separados de otros pueblos para hacer cierta obra. ¿Cuál fue esta obra?
   (b) Ese día no debe ser profanado.
   (c) Reposo consagrado a Jehová, para consagrar mi tiempo a El.

4. El descanso fue para la tierra y los animales también.
   (a) Reposaron también los animales. Exodo 20:10.
   (b) Reposó la tierra cada séptimo año. Levítico 25:4-7.
   (c) Cada siete veces siete, el 49, el Jubileo, volvería cada uno a su posesión, y cada posesión a su dueño. Levítico 25:8-13.

5. Una bendición prometida por guardarlo. Isaías 56:2, 4-6.
   (a) Bienaventurado el que guarda. 56:2.
   (b) Prolonga la vida.
   (c) Hizo grande a Inglaterra. El ateo francés Voltaire dijo: "Quite a Ingla-

terra su sábado y le quitará su grandeza".

6. En el Nuevo Testamento Dios cambió el día, pero no cambió Su enseñanza sobre ese día.
    (a) Cristo guardó el día de reposo y mostró cómo debía ser guardado.
        (1) Reposo hecho para el hombre, para su beneficio corporal y espiritual. Marcos 2:23-28.
        (2) Puede hacer bien a otros como curar. Mateo 12:9-13.
        (3) No es para enriquecerse uno.
    (b) La iglesia apostólica sólo tenía el Antiguo Testamento como su código.
    (c) Dios cambió ese día por el día de la resurrección. Salmo 118:22-24; Hechos 4:11.
    (d) Jesús resucitó en el primer día. Juan 20:1, 15; Levítico 23:7.
    (e) Jesús apareció en el primer día. Juan 20:26.
    (f) Día de Pentecostés el primer día. Hechos 2:1; Levítico 23:15; Juan 7:37-39.
    (g) Día de comunión el primer día. Hechos 20:7.
    (h) Día de la ofrenda cada primer día. I Corintios 16:1, 2.
    (i) Día de estar en el Espíritu, comunión. Apocalipsis 1:10.

Conclusión: ¿Estamos guardando este día como Dios demanda de nosotros?

ESTUDIOS BIBLICOS

En el estudio de la Biblia debemos recordar las siguientes normas:

1. Cada creyente tiene el Espíritu Santo y debe aprender a depender de Su iluminación en su estudio y preparación.

2. Al leer y meditar en la Palabra el creyente debe preguntarse si está cumpliendo con la enseñanza o no.

3. La Palabra debe ser estudiada en la siguiente forma:
    (a) Por la lectura consecutiva: de Génesis a Apocalipsis.
    (b) Por libros.
    (c) Por asuntos.

Hay distintas maneras para dirigir estudios bíblicos. En seguida van dos. Solamente son guías y nada más, porque los estudios pueden ser variados de muchas y provechosas maneras.

Nota: Es muy necesario que los creyentes aprendan versículos de memoria. Se deben escoger versículos que sirvan en la obra personal y para la confirmación de la vida santa. Estos versículos deben ser repasados hasta que estén bien grabados en la memoria. Si se pueden escribir en cartulina para ser llevados en el bolsillo o en la cartera, mucho mejor.

PRIMERA MANERA

1. El pasaje para el estudio debe ser dado con una semana de anticipación y los creyentes listos y animados a estudiarlo.

2. El obrero debe tener bien preparado el pasaje estudiando el sentido de las frases, las palabras, y las lecciones espirituales, etc.

3. Se aconseja que el obrero aprenda a usar la

Versión Moderna y la Bover-Cantera en su preparación. La comparación de estas versiones arroja mucha luz sobre el estudio.

4. En el día del estudio se puede leer antifonalmente el pasaje y después hacerse preguntas. Estas preguntas pueden ser de distintas maneras:
   (a) Se puede preguntar sobre el significado de las palabras en el pasaje.
   (b) Se puede pedir la explicación versículo por versículo.
   (c) Se puede investigar las enseñanzas doctrinales.
   (d) Se puede buscar la ayuda espiritual para la vida práctica.

5. Si uno contesta mal, se le puede preguntar a otro. Si uno contesta en parte, se puede pedir a otro si conoce algo más, y a otro, y a otro más. Los que contesten mal no deben ser reprendidos o ridiculizados. Es mejor pasarlos sin llamarles la atención. El obrero puede rectificar el error en otra ocasión sin humillar las personas.

6. El obrero puede hacer comentarios complementarios sobre las contestaciones, pero debe cuidarse de no repetir lo que ya fue dicho, ni de argumentar.

7. El obrero debe enseñar que el Espíritu Santo reparte Sus dones a todos los creyentes especialmente los de predicación y enseñanza. Cada persona debe esperar el tener estos dones y empezar a usarlos.

Tarea: ¿Cómo podemos contar con el Espíritu Santo en nuestro estudio de la Biblia?

SEGUNDA MANERA

1. El pasaje para el estudio es dado con una semana de anticipación.

2. Divida el pasaje en 3, 4 ó 5 divisiones de acuerdo con el contenido en sus divisiones naturales.

3. Escoja tantas personas como divisiones haya, usando de ambos sexos, y señálele a cada persona una división, con el fin de que vengan preparadas para hablar cinco minutos sobre su porción. (El tiempo dado a cada persona para hablar depende de la extensión del culto o del estudio).

4. En la noche del estudio se puede leer el pasaje antifonalmente y con una corta introducción de un minuto pida que hable la primera persona. Cada una de ellas debe saber de antemano que no le es permitido hablar más de cinco minutos. Si pasan los cinco minutos para que sepan que ya pasó su tiempo señalado, usted se pondrá de pie, y así sabrán que tienen que sentarse.

5. El obrero debe tener bien estudiado el pasaje para poder hacer unos comentarios complementarios si fuese necesario.

TERCERA MANERA

Esta es semejante a la segunda.

1. El pasaje para el estudio es dado con una semana de anticipación.

2. En la noche del estudio se puede leer el pasaje antifonalmente y después de una corta introducción dar la oportunidad a los que deseen

decir en breves palabras lo que han aprendido.

3. Esta tercera manera resulta muy bien después de que el grupo ha sido instruido bien por medio de la primera y la segunda manera.

PREGUNTAS

El obrero tiene que aprender el valor de hacer buenas preguntas.

1. Ellas deben hacer que los creyentes piensen.

2. Ellas no deben dar la clave de la contestación.

3. Ellas deben ser diferentes y variadas.

4. Ellas deben sacar a la luz las cosas importantes en el pasaje.

5. Ellas no deben relacionarse con pequeñeces.

6. Ellas no deben conducir a argumentos y discusiones.

Tarea: Lea los Hechos, capítulo 6. Escriba 12 preguntas que le haría usted a su clase.

SIETE INDICACIONES PRACTICAS EN EL ARTE DE ESCRIBIR TRATADOS

Introducción: Los tratados son uno de los instrumentos más esenciales del evangelismo. Son también una buena ocasión para principiar en el arte de la escritura creadora.

1. **Lea Cuidadosamente.** Hay una abundancia de material del cual podemos aprender el arte de escribir de una manera amena e interesante.

Examine los periódicos e infórmese de los acontecimientos. No pierda tiempo leyendo cosas de menor importancia y cosas soeces.

Lea historietas cortas y buenas. Escoja bien. Hay mucha historia mala.

Estudie la manera como los escritores:
        (a) Presentan su material.
        (b) Escogen sus palabras con cuidado.
        (c) Hacen ver claramente el asunto o tema.

Lea cuidadosamente los artículos que los escritores católico-romanos, comunistas, conservadores y liberales editan en sus revistas religiosas y libros de texto.

Es esencial conocer los puntos de vista y creencias de las personas a quienes usted escribe.

Piense a través de su manera de ser y procure ver el cristianismo como ellos lo miran.

Descubra el significado que ellos dan a palabras tales como salvación, pecado, amor, etc.

Relaciónese con sus amigos que no son cristianos, especialmente en conversación, la cual es también inestimable para su buen entendimiento de aquellos que leen su tratado.

Sobre todo, lea toda clase de tratados cristianos. Haga de ellos un avalúo crítico de:
        (a) Su estilo.
        (b) Su elección de palabras.
        (c) Su claridad del mensaje.
        (d) Su conveniencia y adaptabilidad para los lectores no cristianos.

Considere qué cambios valiosos haría usted si se le pidiera volver a escribir esos tratados.

2. **Ore.** "Ore sin cesar". Cuando esté preparándose para escribir y en la subsiguiente revisión del manuscrito, permanezca en el espíritu de oración, dependiendo del Señor para toda la sabiduría y fortaleza que necesite. Pídale que le guíe en sus pensamientos, que aclare sus puntos de vista, que sobrecargue su corazón de un amor hacia los hombres y las mujeres perdidos en el pecado, y que le encienda en un amor consumidor por el Señor Jesucristo. Es para Su gloria que usted está escribiendo. Recuerde que Dios está esperando usar los talentos que le ha dado mientras escribe Su Mensaje para las multitudes que El anhela salvar.

3. **Haga Planes.** Escoja cuidadosamente un tema según Dios le guíe. Es mejor tener una mira o propósito principal en la mente con respecto a todo el tratado y una determinación de ponerlo completamente de manifiesto con toda claridad y precisión.

Escriba el tema en la parte superior de la hoja de papel. Este podrá ser, "La Salvación es de Dios y no de los hombres", o "Vosotros, ¿Qué Pensáis del Cristo?", etc. Este tema no tendrá que ser necesariamente el título del tratado. El tiempo para escogerlo sería cuando estuviera llegando al final de sus últimas revisiones, aun cuando pudiera ser que le viniera antes.

Considere cuidadosamente para quién está escribiendo.
Para ¿católico-romanos, unitarios, sabatistas, testigos de Jehová, paganos, evangélicos?
Para ¿niños, jóvenes, adultos?

Para ¿estudiantes, doctores, educados, no educados, campesinos, etc?

Habiéndolo decidido, anótelo en su hoja de papel. Ahora tiene que tratar de figurarse quién será su lector:
¿Qué es lo que él desea saber con respecto al tema?
¿Qué piensa él acerca del tema?

Ahora use toda la información que haya podido recoger después de un examen cuidadoso.

¡Cuidado! No hay necesidad de condensar toda la teología cristiana en un solo tratado. Un tratado no es lugar para esto. Haga que todo el material que tiene sirva a su único propósito.

El plan o bosquejo. Anote el plan en su hoja de papel; debajo escriba los debidos temas secundarios y puntos. Emplee buenas ilustraciones en su debido lugar sin usar demasiadas. Las citas bíblicas deben ser apropiadas y correctamente citadas.

Permita que sus pensamientos se aumenten progresivamente desde el principio hasta el fin.

No suponga que el lector conoce todo lo que usted sabe del cristianismo.

Si su plan es el de usar términos técnicos cristianos, tales como la justificación, la santificación, etc., asegúrese que sus lectores conozcan su significado. Si la mayoría de sus lectores no los entienden, no puede usarlos.

Cada argumento debe ser bien explicado en su debido párrafo. No lleve adelante un argumento que ya se ha explicado.

Redacte su tratado de manera que no sea muy largo. El diccionario dice lo siguiente: "Un tratado es un folleto corto sobre religión o moralidad". Quinientas palabras son un buen máximo, aunque hay lugar para escribir tratados un poco más largos.

Tarea:
1. Escoja un tema para su tratado.
2. Diga para qué religión es este tratado.
3. Escriba lo que usted cree que sus lectores conocen de este tema.

4. **Produzca.** Habiendo preparado concienzudamente, principie el primer bosquejo del tratado.

Procure estar solo y en un lugar tranquilo y esfuércese por terminar su primer bosquejo en una sola sentada.

Haga la aparición de su primer párrafo lo bastante atractivo para despertar la atención del lector. Esto determinará la continuación de su lectura o no. Muchos tratados buenos comienzan con una historia que ilustra bien el tema principal del tratado. Si usted principia con una ilustración así, procure escoger una que sea de su propio país, o que tenga las características de la gente de su tierra.

Observe cuidadosamente la continuación de su argumento. Un argumento tiene que seguir en orden a otro. Fíjese en Pablo. Por ejemplo, cuando usted use "por tanto", o "pues bien", cerciórese que la siguiente declaración realmente le siga.

También una declaración bíblica acerca de la cual usted no tiene ninguna duda, ni tampoco ningún evangélico, podría suscitar un problema inmediato a un lector católico-romano o comunista, etc.

Use frases cortas. Un máximo de treinta palabras es suficiente. La mayoría de las frases deben ser cortas.

Use verbos vivos y eficaces y nombres llenos de colorido. Evite la acumulación de adjetivos y adverbios innecesarios. Esto sólo hace que sus frases sean incómodas y es un gasto inoficioso de espacio.

5. **Expurgue.** Ahora el verdadero trabajo principia. Lea por entero y con cuidado su manuscrito, cortando todas las palabras innecesarias y corrigiendo cualquier fraseología indirecta. Por ejemplo, es mejor escribir, "en segundo lugar" en un tratado que escribir, "continuemos a una segunda consideración, la cual nosotros presentamos para sostener el argumento que estamos desarrollando en este tratado".

Repito, cuídese del uso de un vocabulario cristiano que no tenga significado alguno para el lector que no es cristiano, por ejemplo, frases tales como, "advenimiento premilenial", "gracia redentora", "un Dios omnisciente", etc. Aun palabras tales como, "perdón", "pecado", etc. necesitan un uso cuidadoso de tal manera que su completo significado cristiano sea claro. Especialmente vigile el uso de la palabra fe.

Tarea:
(a) Cite unas dos frases o versículos bíblicos que podrían ser difíciles para un católico-romano.
(b) Cite unas diez frases o palabras que serían difíciles para lectores no evangélicos.
(c) ¿Por qué tiene que vigilar el uso de la pala-

bra fe?

6. **Perfeccione.** Cada hora que usted gaste perfeccionando su manuscrito será bien recompensada.

Tal vez será necesario que usted vuelva a escribir el tratado varias veces con el objeto de incorporar las mejoras que ha hecho. Otra vez y de un modo nuevo escriba diferentes frases y considérelas para determinar si mejoran el sentido de la verdad que usted está tratando de aclarar.

Observe de nuevo el tren de sus argumentos. Asegúrese de que sus frases y párrafos sigan unos tras otros fácilmente.

Su tratado debe ser lo mejor de lo mejor. Es un mensajero de las buenas nuevas de nuestro Señor Jesucristo. La actitud de la gente hacia El y su asimiento de los principios de la eternidad serán determinados por el mensaje contenido en su tratado.

7. **Persista.** Una buena proporción entre los escritores cristianos prósperos y afortunados vieron sus primeros escritos rechazados por alguna casa de publicaciones. Usted puede ser uno de ellos. No se desanime. Con la ayuda de Dios, coloque otra vez su mano sobre la tarea. Pídale que lo fortalezca y lo anime mientras se dispone usted a escribir para El. Usted habrá aprendido mucho por medio de sus esfuerzos anticipados y ellos ciertamente no habrán sido en vano.

Si su tratado es publicado o gana un lugar en una competencia, guárdese. No piense que ha dominado el arte de la escritura amena e interesante. Usted es solamente un principiante. Si el Señor lo ha dotado con el uso de la pluma, busque por todos los medios mejorar el talento. Lea libros sobre el arte de escribir. Tome un curso por correspondencia sobre el asunto. Escriba más.

Ofrezca escribir para la revista de su iglesia o cualquier otra publicación cristiana. Debe estar listo a tener algunos de sus escritos rechazados y otros criticados. Debe pedir al director que critique sus escritos.

Considere y trate de hacer algo más aventurado y atrevido, por ejemplo, una carta en forma de historieta para niños, una novela cristiana o un folleto sobre la salvación para los católico-romanos, etc.

Cuando usted esté haciendo su plan para la escritura de un tratado, recuerde lo siguiente:

1. Lea con cuidado.
2. Ore.
3. Haga planes.
4. Produzca.
5. Expurgue.
6. Perfeccione.
7. Persista.

(Adaptado de un tratado escrito por Bruce Ker.)

Tarea:
1. ¿Por qué es necesario escribir el tratado varias veces?
2. ¿Por qué es importante que los argumentos sigan bien en orden?
3. ¿Por qué debe usted pedir que su tratado sea criticado?

REGLAS PARA UN BUEN ESCRITOR

1. Debe cogerse la atención y el interés del lector

desde el principio. ¿Cómo? Diciéndole algo en lo cual tiene mucho interés.

2. No debe espantarlo desde el principio. Si le va a decir algo que es contrario a su fe, puede decírselo cuando le tenga algo convencido.

3. No debe confundirlo con muchas citas bíblicas. Use citas sencillas y fáciles de entender.

4. Las citas bíblicas deben ser escritas.

5. Es necesario guardar el interés del lector todo el tiempo. Lea su tratado a un amigo que quiere ayudarle para ver si le interesa o no.

6. No se debe decir toda la verdad desde el principio, sino llevarla poco a poco de un punto a otro hasta la meta deseada.

7. Suspensión de pensamiento. Es decir la verdad sin decirla completamente, dejando así la mente del lector con una pregunta: "¿Qué va a decir ahora?" La curiosidad le hará seguir leyendo.

Hay autores de libros que terminan cada capítulo con un suspenso.

El sermón de Esteban en los Hechos, capítulo siete, es un buen ejemplo del uso de esta regla.

Jesús y la samaritana es otro ejemplo. Jesús le interesó pidiéndole un favor que ningún judío hubiera hecho.

En cuanto a Nicodemo, cuando él llegó donde Jesús, ya estaba muy interesado, y por eso Jesús podía hablarle directamente sin ninguna preparación.

AUXILIOS PARA PREDICADORES

Tarea: Escriba un tratado de quinientas palabras sobre el tema, "Jesús Viene". Sus lectores son católico-romanos de Colombia. Use las reglas e instrucción dadas en estas clases. Tiene que ponerse en el lugar del romano con los conocimientos que él tenga del cristianismo.

Capítulo 4

Cultos y Reuniones

LA MANERA DE DIRIGIR EL CULTO

1. El culto debe empezar a la hora señalada. Los creyentes deben aprender a ser puntuales en los cultos para Dios. Dios es muy puntual como lo vemos en los días, años, estaciones, etc.

2. Procurar tener el salón bien ventilado.

3. Hacer todo lo posible por tener buena luz.

4. Escoger los himnos antes del culto.

5. Anunciar el número del himno dos o tres veces. Antes de cantarlo ver que todos lo hayan encontrado. A veces se puede leer la primera estrofa.

6. Demostrar cortesía con todos, especialmente con las personas nuevas o los visitantes.

7. Enseñar a los creyentes a dar la bienvenida a todos, ayudándoles a conseguir un asiento o a encontrar los himnos y la parte de la Biblia que se anuncia para leer.

8. La duración suficiente de un culto es generalmente de dos horas hasta dos horas y media.

9. Son pocos los temas que demandan más de una hora para desarrollarse. Nunca hable por hablar.

10. El novicio no debe hablar por más de quince minutos.

11. Todo predicador debe aprender a decir mucho en pocas palabras.

EL PREDICADOR EN EL PULPITO

1. Debe estar limpio, bien arreglado, peinado, afeitado y con las uñas limpias, etc.

2. Su manera debe de ser humilde y confiado, sin temor, sonriente, o según el caso. Su manera animada atraerá la atención de los oyentes.

3. Al despedir la gente se debe salir a la puerta para saludar a todos. No hace excepción o acepción de personas. Si la congregación canta la doxología u otro coro después de la bendición, esto dará al predicador tiempo para llegar a la puerta.

LA EXPRESION Y LA ACCION

1. La expresión y la acción son naturales. Note a los niños y a las personas de las distintas razas.
    (a) La acción debe ser natural, con vida, libertad y poder.
    (b) Hable con los ojos, la cara, las manos y el cuerpo.
    (c) El decir, "Vete de aquí," y "por ahí va", lleva más fuerza si va acompañado con acciones.

2. La expresión del rostro.

- (a) La expresión del rostro es casi involuntaria, y poco puede hacerse para mejorarla si no es en la corrección de los defectos. Con ella suplicamos, amenazamos, conciliamos, manifestamos tristeza o gozo, entusiasmo o desaliento.
- (b) Cuando uno esté posesionado de su asunto y subordine por completo todo pensamiento de sí mismo, su rostro asumirá espontáneamente toda expresión de acuerdo con sus sentimientos (Broadus).
- (c) Mire a los oyentes.
- (d) Evite el mirar a través de las ventanas y las puertas, al cielo raso o al suelo.

La postura.
- (a) No se recline sobre el púlpito, la Biblia o cualquier otro mueble.
- (b) Guarde el cuerpo derecho y firme sobre ambos pies.
- (c) Tenga la cabeza derecha, no inclinada al frente, ni a un lado, ni alzada.
- (d) Las manos y los brazos deben caer naturalmente a los lados del cuerpo.
- (e) Los pies deben estar firmes en el suelo, no muy apartados, ni en inmediato contacto.

El ademán.
- (a) La acción no es para hacer al predicador aparecer como gracioso o ridículo.
- (b) La acción debe expresar verdades y recalcarlas.
- (c) El cuerpo puede moverse fácilmente de un lado a otro, quedando siempre firme sobre ambos pies. Evite demasiado movimiento.

(d) La cabeza debe seguir el movimiento del cuerpo, de los brazos, y de los dichos tales como "en el cielo, lejos de nosotros, a la izquierda."

5. Los brazos y las manos.
   (a) Evite el mismo movimiento para cualquier acción.
   (b) Hay acción para temor, gozo, terror, mandamiento, amor, deseo, duda, desgracia, odio, desafío.
   (c) Hay acción para lugares: cerca, lejos, arriba, abajo, en búsqueda, a la derecha.
   (d) Hay acción para cosas: grandes y pequeñas.

6. Unas reglas sencillas.
   (a) La acción debe ser sugestiva más que imitativa.
   (b) El ademán debe preceder ligeramente a la palabra enfática de la frase.
   (c) La acción no debe ser excesiva, ni en frecuencia, ni en vehemencia.
   (d) Evítese la monotonía.

7. Corrección de maneras en el púlpito.
   (a) No se arregle el pelo o la corbata, etc.
   (b) No juegue con sus botones, anillos, libros, papeles o el bosquejo.
   (c) No mastique chicle u otra cosa.
   (d) No busque himnos mientras otros oran.
   (e) No mire alrededor.
   (f) No sea frívolo.

Tarea: ¿Cuáles son las acciones que debemos usar para el temor, gozo, duda y desafío, y para cosas grandes y pequeñas, y para señalar lugares lejanos o cercanos?

DE LA DICCION EN CUANTO A LA VOZ

1. Observaciones generales.
    (a) Se debe conservar su propia personalidad.
    (b) Debe resistir la inclinación de convertirse en actor.
    (c) Pensamientos prestados deben ser digeridos y hechos suyos antes de predicarlos.
    (d) Debe tener algo que decir y la seguridad de que valga la pena decirlo.
    (e) Debe comer moderadamente antes de predicar.
    (f) Debe adquirir la costumbre de corregir sus mismas faltas.

2. La voz y sus poderes distintos.
    La voz es el gran instrumento del orador y él debe saber:
    (a) El alcance mayor y menor de su voz.
    (b) El volumen, la cantidad del sonido.
    (c) El poder de penetración.
    (d) La melodía; dulzura y flexibilidad.

3. El mejoramiento general de la voz.
    (a) Ejercicios del pecho.
    (b) El cantar por nota.
    (c) La lectura en voz alta.
    (d) Un habitual cuidado de la pronunciación.
    (e) Ejercicios vocales.
    (f) Tener cuidado de no destruir la individualidad de la voz.

4. El uso de la voz al hablar en público.
    (a) No principie demasiado alto, ni tampoco demasiado bajo.
    (b) No permita que la voz decaiga en las últimas palabras de un período.

- (c) Nunca descuide el tomar aliento, y aprenda a respirar utilizando toda la fuerza de los pulmones.
- (d) Fijar la vista con frecuencia en los oyentes más lejanos, para saber si todos pueden oír.
- (e) Debe haber variedad. La monotonía destruye la elocuencia, como también el mucho gritar.

5. No lea muchos pasajes de la Biblia. Apréndalos de memoria. Se pueden usar pasajes bíblicos en forma de ilustraciones.

6. Termine su sermón cuando llegue a la conclusión. No vaya añadiendo más, porque se perderá a sí mismo y aburrirá a sus oyentes. No hay nada que canse más que oír al predicador seguir hablando cuando debiera haber terminado, u oír a un predicador cuando habla mucho y no tiene nada que decir.

7. El predicador es portavoz de Dios y del evangelio. Por eso no hay que pedir excusas ni antes ni después del sermón.

No debe usar modismos ni palabras vulgares, ni tomar el púlpito como tribuna de regaño, pues el púlpito es cátedra de Dios y en él predica Su mandato: el evangelio.

Tarea: ¿Por qué es necesario:
1. Saber el alcance mayor y menor de su voz?
2. No leer muchos pasajes de la Biblia en el sermón?
3. Terminar bien el sermón?

LA LECTURA DE LA BIBLIA EN PUBLICO

1. La lectura escogida debe tener íntima relación

con el mensaje, teniendo cuidado de escoger algo interesante, que no sea demasiado largo o corto. Cuando haya predicador visitante, pídale el pasaje que desee ser leído.

2. Anunciar el pasaje claramente dos o tres veces. Antes de empezar la lectura, estar seguro que todos hayan encontrado el lugar.

3. La lectura puede ser antifonal. De esta manera despierta interés en los congregados y los hace traer su propia Biblia.

4. Los creyentes deben aprender a leer antifonalmente. El predicador debe ayudarlos en aprender a leer al unísono, despacio y con claridad.

5. Cuando el culto esté compuesto de incrédulos, o la mayoría no sepa leer, es mejor que el predicador lea solo.

6. El debe haber leído de antemano el pasaje para poder leerlo con claridad y poder.

7. El debe aprender a leer bien, con claridad, despacio, dando énfasis a las palabras y frases importantes, poniendo atención a la puntuación. Una porción mal leída pierde su significado. Nehemías 8:8.

8. Unas cortas palabras explicativas sobre algún versículo de la porción leída muchas veces hacen grabar la verdad en los corazones. Debe cuidar de no prolongar mucho la lectura, y así cansar a la gente antes de llegar al sermón.

EL ANALISIS DE UN PASAJE

Para ayudar al predicador a preparar bien un pasaje para la lectura en la iglesia van las siguientes sencillas anotaciones.

Si el predicador diere tiempo a la preparación de su lectura, ésta también será una bendición a la congregación tanto como el sermón.

EL ANALISIS DE ISAIAS 1:1-18

Versículo 1: Es la introducción y debe ser leída en tono ordinario.

Versículos 2, 3: Empiece con la palabra, oíd. Es la voz imperativa y anuncia un reclamo de Jehová y debe usar el tono de un reclamo.

Versículo 4: Principie con la palabra, ¡Oh. Es una exclamación de sorpresa, y el tono de la voz debe expresar esta sorpresa.

Versículos 5 a 9: Jehová hace una pregunta y después la contesta. Tiene que modular la voz en una pregunta e inmediatamente cambiarla al tono usado para contestar con cierto enfado y repugnancia.

Versículos 10 a 15: Estos versículos van unidos. En el 10 tenemos de nuevo la voz imperativa, escuchad. Jehová está quejándose y tiene que usar el tono de una queja fuerte. En el 11 hay una pregunta que lleva énfasis y en seguida la contestación, hastiado. La voz tiene que llevar el énfasis en la

CULTOS Y REUNIONES

pregunta y el fastidio o disgusto en la contestación, hastiado. El 12 es una pregunta y desde el 13 al 15 es la contestación. La voz tiene primero que modularse a la pregunta y en seguida a la contestación.

Versículos 16, 17: Son dados en voz imperativa. Jehová demanda el arrepentimiento para poder dar el perdón. La voz tiene que llevar este acento de demanda.

Versículo 18: Es todavía en la voz imperativa. Pero es una invitación urgente, y la voz tiene que llevar el tono de una urgente invitación que tiene que ser aceptada.

Tarea: Analice y divida el capítulo 6 de Isaías en sus divisiones expresivas, denotando cuáles son estas divisiones, y cómo y en dónde debe poner el énfasis y qué tono de voz debe usar.

EL ANALISIS DE ISAIAS 55 SIN EXPLICACION

Versículo 1: Venid. Una invitación en la voz de insistencia, imperativa.

Versículo 2: ¿Por qué? Una pregunta.

Versículos 2, 3: Oídme, inclinad. Contestación en tono imperativo.

Versículos 4, 5: He aquí. Contestación exclamativa.

Versículo 6: Buscad, llamadle. Un mandamiento directo. En voz imperativa.

Versículo 7: Deje el impío. Vuélvase a Jehová. Un mandamiento de exhortación en subjuntivo.

Versículos 8 a 11: Es instrucción en la verdad. El 8 es instrucción seria y es dicho en tono serio. Los 9 a 11 son formas de instrucción y son dichos en tono instructivo.

Versículos 12, 13: Son bendiciones y son dichos en tono alegre.

LA ORACION PUBLICA

Hay muchos que no pueden orar en público y otros que no saben. El predicador debe aprender bien la manera de orar en público. No hay necesidad de aprender oraciones de memoria, pero bien puede tener un bosquejo mental que le ayudará a orar con confianza. De vez en cuando todo predicador debe escribir oraciones, porque esto le ayudará mucho.

UNOS CONSEJOS SOBRE LA ORACION

1. No hay necesidad de instruir a Dios.

2. No hay razón de predicar sermones.

3. El sermón es para instruir a la gente y no la oración.

4. No hay que echar indirectas.

5. Debemos intentar expresar lo que siente o debería sentir la congregación.

6. Estudiar al "Padre Nuestro" como oración ejemplar que quiere decir tomar las frases del "Padre Nuestro" como guía en la oración. Por ejemplo, "Santificado sea tu nombre". ¿Cómo puede ser santificado en mí, en mi hogar y en mi iglesia el nombre del Padre? En obedecer todos sus deseos y mandamientos. Todos estos están escritos en la Biblia. ¿Estoy yo cumpliendo Sus deseos y obedeciendo Sus mandamientos? Si no, entonces no estoy santificando Su nombre. Si tomamos el tiempo para estudiar cada frase del "Padre Nuestro" de esta manera, aprenderemos a orar con mucho provecho.

7. Cuidar mucho el uso de los verbos al dirigirse a Dios. Por ejemplo, no debe decirse "Oh Señor, Tú sois" en lugar de "Tú eres"; o "Tú habéis" en lugar de "Tú has".

EL ARREGLO ORDENADO DE LA ORACION PUBLICA

1. Empezar con la adoración.

2. Continuar con la acción de gracias por las bendiciones espirituales y materiales recibidas.

3. Hacer la confesión de faltas generales.

4. Las peticiones sobre el perdón y la limpieza.

5. Peticiones para la ayuda de Dios en todo.

6. Dedicación de nuevo de la vida, los bienes, etc., a Dios.

7. Pedir por el país, el presidente y demás gobernantes. El barrio, la ciudad, etc.

8. Intercesión por la iglesia y sus miembros. Por un despertar, avivamiento; la salvación de parientes, etc.

9. Terminar con adoración y gratitud.

Evitar frases vulgares y raras, palabras mal dichas y la repetición de ciertas palabras o frases tales como, Oh Señor, Padre Santo, Jesús Mío, te pedimos, etc.

El predicador debe evitar toda referencia personal en la oración pública, como "Señor, ten piedad de tu pobre siervo que va a hablar" y no hacer conocer sus necesidades personales, como "Señor, Tú ves que se me han acabado los vestidos".

EL CULTO DE ORACION

Cada grupo de creyentes debe tener un culto de oración a la semana. El pastor debe enseñar a los creyentes a orar.

ALGUNOS CONSEJOS

1. Este culto es el termómetro de la iglesia.

2. Es el culto más importante.

3. El pastor u otro miembro cualquiera puede dar un discurso corto con el fin de preparar la gente para la oración.

4. Cada iglesia debe tener ciertos trabajos en ciertos lugares, y ciertos obreros que tienen interés en estas obras, los cuales serán llevados

semana tras semana delante de Dios en oración.

5. En cada culto se debe dar a los asistentes oportunidad para hacer sus peticiones especiales.

6. La oración debe ser concentrada y no vaga.

7. Las oraciones deben ser cortas a fin de que todos tengan oportunidad de orar.

8. Cada asistente debe aprender a acompañar en el espíritu a los otros cuando están orando y puede expresarlo usando la palabra amén, y otras semejantes a ésta.

9. Debe disciplinar la mente y en esto no dejarla vagar en las cosas diarias del hogar o del trabajo.

10. Debe cuidar mucho de no dormirse, y aprender la diferencia entre orar y rezar. Mateo 6:7, 8. El rezar es la repetición de ciertas frases. El orar es el pedir de corazón a un Padre lo que uno necesita.

11. Debemos alabar a Dios:
    (a) Por los beneficios temporales.
    (b) Por Sus bendiciones espirituales.
    (c) Por las oraciones contestadas.

12. No debemos contristar al Espíritu Santo.
    (a) Predicando sermones en la oración.
    (b) Echando indirectas.
    (c) Guardando un espíritu rencoroso.

13. No debemos confiar en el tiempo que oremos.

14. Debemos pedir todo para la gloria de Dios.

COMO DEBEMOS PEDIR EN ORACION

1. Perdonando a otros como esperamos ser perdonados. Mateo 6:12, 14, 15; Santiago 5:16.

2. Con fe. Mateo 7:7-11; 21:21, 22. Sin hipocresía. Santiago 1:6, 7. La fe debe descansar sobre las promesas de Dios. Hebreos 6:12-18.

3. Con importunidad sin cesar y sin desmayar. Lucas 11:1-13; Efesios 6:18; 1 Tesalonicenses 5:17.

4. Acompañando la oración con acción de gracias, con reverencia y loor. Mateo 6:9, 13. En el Salmo 103 no hay ninguna petición.

5. Dirigida al Padre en el nombre del Hijo. Juan 14:13; 15:16; 16:23-26. ¿Qué es pedir en el nombre?
    Jesús — Salvador, Redentor.
    Cristo — Ungido de Dios, Enviado.
    Señor — Amo, Dueño y Maestro.

6. Pidiendo todo para la gloria de Dios y no para nuestro bien. Mateo 6:9, 13; 26:39; Santiago 4:3; Hebreos 5:7.
    Dios contesta tales oraciones. Juan 14:13.
    De acuerdo con Su voluntad. 1 Juan 5:14, 15.

7. Permaneciendo en Cristo. Juan 15:7.

8. De acuerdo con las enseñanzas bíblicas. 1 Juan 3:22. Los detalles para llevarlo a cabo serán revelados día tras día.

9. Debe estar en el Espíritu. Efesios 6:18; Romanos 8:26, 27.

CULTOS Y REUNIONES 111

Tarea: ¿Cómo podemos recibir la contestación de nuestras oraciones?

QUE DEBEMOS PEDIR EN ORACION

¿Qué cosas deben pedir los creyentes y asistentes en la iglesia?

1. Obreros en la mies del Señor. Lucas 10:2, evangelistas, predicadores, pastores, misioneros, hogares convertidos, cada creyente un obrero.

2. Que el reino de Dios venga a la tierra. Lucas 11:1, 2.
   (a) Predicar el evangelio a todo criatura. Mateo 24:14.
   (b) Que haya señales y milagros en el nombre del Señor. Hechos 4:30; Juan 14:12.
   (c) Liberación de presos inocentes y puertas abiertas al evangelio. Colosenses 4:3; Hechos 12:1-7.
   (d) El derramamiento del Espíritu Santo sobre la Iglesia y toda carne. Hechos 2:17-21.
   (e) Oración por todos los hombres, así como por los gobernantes. 1 Timoteo 2:2.

3. Oración por la iglesia y por los creyentes.
   (a) El Espíritu Santo y Su poder sobre cada creyente. Lucas 11:13.
   (b) Los dones del Espíritu Santo manifestados en cada miembro de la Iglesia. 1 Cor. 14:1.
   (c) Que las vidas de los miembros respalden sus palabras, dando mucho fruto. Juan 15:16.
   (d) Poder para testificar en tiempo de persecución. Hechos 4:24-31.
   (e) Que los miembros sean librados de tentación y del maligno. Lucas 11:4.
   (f) Oración por todos los creyentes en las dis-

tintas iglesias. Filipenses 1:4.
- (g) Por los débiles, fríos y desviados. Mateo 18:15-20.
- (h) Por los enfermos. Santiago 5:14, 15.
- (i) Por el pan cotidiano. Lucas 11:3.
- (j) Por el perdón de nuestros pecados. Lucas 11:4.
- (k) Por los rebeldes. I Corintios 5:1-5.
- (l) Para que la fe no falte en la prueba. Lucas 22:32.

4. La iglesia apostólica en la oración.
   - (a) Desde la ascensión de Jesús hasta el Pentecostés los discípulos estaban reunidos unánimes en oración y alabanza. Hechos 2:1-14, 42; Lucas 24:53.
   - (b) ¿Cuando les llegó la persecución, Hechos 4:24-31, qué hicieron? Oraron. No discutieron maneras, ni fueron donde las autoridades. Basaron su oración sobre las Escrituras, Salmo 2. No pidieron liberación de la persecución, sino poder para seguir predicando. Dios les contestó dándoles el poder pedido.
   - (c) Cuando Pedro fue preso, la iglesia oró. Hechos 12:1-17.
   - (d) En Antioquía la iglesia oró y Dios les dio evangelistas. Hechos 13:1-4.
   - (e) En oración los ancianos fueron escogidos. Hechos 14:23.
   - (f) Pablo oró con las iglesias. Hechos 20:36; 21:5.

LA JUVENTUD EN LA IGLESIA

El obrero debe dar mucho lugar a la juventud, porque son los adultos de mañana.

LA ESCUELA DOMINICAL

Los Primarios: Cada iglesia debe tratar de tener algunas personas preparadas para enseñar a éstos aparte de los demás. Si la iglesia tiene escuela primaria, la maestra puede enseñar a los primarios los domingos e ir preparando algunas señoritas de la congregación para encargarse de ellos.

Los Intermedios: Cuando sea posible, es bueno tenerlos separados, utilizando personas preparadas para enseñarlos. En iglesias pequeñas no es tan necesario.

Los Adultos: En iglesias grandes es posible tener los caballeros separados de las damas, pero en grupos pequeños no es necesario.

Los encargados de las diferentes secciones deben ser personas espirituales que tengan interés en los asistentes dentro de la clase y fuera de ella. El maestro o la maestra bueno buscará la salvación y santificación de los asistentes de su clase. Hará el deber de visitarlos en sus hogares, y especialmente cuando estén enfermos o cuando se ausenten.

El que dirige la escuela dominical debe haber estudiado bien la lección. Aconsejamos el uso del *"Expositor Bíblico"* o *"El Sendero de la Verdad"* y la *"Hoja Dominical"*. Si el maestro lee cuidadosamente cada día las lecturas diarias en la hoja y se contesta a sí mismo las preguntas que hay en ella y lee con cuidado las explicaciones en el *"Expositor"* o *"Sendero"*, tendrá bien aprendida la lección.

Es el maestro bien preparado el que sabe dirigir bien la clase.

La escuela dominical es una escuela y debe ser dirigida como tal.

No es para predicar un sermón sino para enseñar de distintas maneras la Palabra de Dios y ayudar a los asistentes a aprender a estudiar la Biblia.

ALGUNOS CONSEJOS

1. Esperar que todos aprendan de memoria el texto áureo.

2. Trabajar para que todos los que asisten lean en sus hogares las lecturas diarias. Para lograr esto el maestro debe mostrarles el beneficio que van a recibir en sus mismas vidas. Así la clase llegará a ser más interesante para todos.

3. En el curso de la lección hacer las preguntas que hay en la hoja y otras más que arrojen luz sobre ella.

4. Las preguntas deben ser bien escogidas con el fin de hacer a los asistentes pensar. Al ser contestadas explicar las verdades de la lección.

5. No debe dejar que la misma persona conteste todas las preguntas.

6. A veces pueden dar tareas que los asistentes puedan preparar para el domingo siguiente.

7. A veces se puede pedir, si hay alguno que pueda contar en pocas palabras, la historia de la lección.

LA JUVENTUD

Que sea la juventud recibida como parte integral de la iglesia. Que toda la iglesia sea invitada a sus reuniones. El pastor y el cuerpo gobernante deben tener mucho interés y cariño para con la juventud. Pueden ser agrupados en equipos para la evangelización, enseñados e instruidos en como tratar con diferentes clases de gente. Cuando salen por semanas de evangelización deben ser acompañados por un anciano, diácono o diaconiza en quien tienen mucha confianza y cariño por haber ellos trabajado con la juventud.

LA REUNION DE DAMAS

Se reúnen las señoras y las señoritas de la congregación el día y la hora más propicios para ellas en un lugar determinado con el fin de tener un tiempo de comunión.

Beneficios de esta reunión:

1. Las damas llegan a conocerse mejor.

2. Aprenden a conversar de las cosas espirituales, sus dificultades y problemas con sus hijos y otros asuntos del hogar.

3. Pueden hablar de las luchas y dificultades y también de las victorias en sus vidas con el fin de ayudarse las unas a las otras.

4. Cada semana una persona viene con un mensaje preparado. Que use las mismas damas en dicho mensaje.

5. Después del mensaje tendrán un tiempo de oración unidas, y conversación sobre la manera de tener un hogar feliz.

6. Pueden invitar a las amigas con el fin de interesarlas en el evangelio.

7. A veces puden ocuparse en la costura.

8. Pueden ayudar a los pobres con las costuras. Hechos 9:36-43.

Peligros de esta reunión:

1. Si los miembros no tienen mucho cuidado puede cambiarse en una reunión de charla, crítica, chismografía.

2. Puede volverse una reunión social en lugar de espiritual.

3. Puede entrar el deseo de tener bazares y ventas de costuras hechas.

La obra de Dios debe ser sostenida por diezmos y ofrendas y no por bazares y ventas. La obra de Dios no debe cambiarse en negocios. Mateo 21:12, 13.

Como siempre hay peligro de mundanalidad, etc. en tales reuniones, las que no son mundanas deben velar con el fin de guardar estas reuniones espirituales.

REUNIONES DE CABALLEROS

Estoy pensando en los hombres de treinta y cinco años arriba. He hallado que a éstos les gusta reunirse de una manera informal en una sala para tener oportunidad de conversar de sus dificultades, victorias, aspiraciones, planes, problemas, etc.

1. Deben tener unos quince minutos para tratar todas estas cosas cuando las haya.

2. En el estudio escoja un libro de la Biblia y en

cada reunión tome unos doce a dieciséis versículos. Cada hermano leerá unos dos versículos y comentará sobre ellos.

3. Ellos deben tener a su cargo una obra en otra parte; ya sea en un barrio o en una vereda.

4. Todas las semanas cada uno debe llevar tratados y evangelios para repartir y dar un informe de la manera como Dios le ha guiado a esparcirlos.

5. Termine siempre con oración. Fácilmente ellos pedirán un buen rato para esto. Es fácil que a esta clase de reunión no vengan muchos; pero si vienen los que desean trabajar en la obra, debemos quedar satisfechos, porque son éstos los que deseamos.

REUNIONES DE LA IGLESIA

Cada iglesia debe tener regularmente reuniones cuando todos los bautizados y simpatizantes se reúnen con el pastor, ancianos, diáconos y diaconisas, para tener comunión sobre la obra de la iglesia, oír lo que ha sido hecho, cómo han sido usados los fondos, y cuáles son los propósitos para los días futuros.

ALGUNOS CONSEJOS

1. Es bueno principiar estas reuniones con un tiempo de alabanza, oración y una palabra de exhortación.

2. Es bueno tener actas de tales reuniones con el fin de poder informarse de las decisiones acordadas.

3. En cada reunión se debe leer el acta de la reu-

nión anterior para recordar las decisiones tomadas, y los asuntos todavía pendientes.

4. También se debe recibir los informes de los ancianos, diáconos, diaconisas, y cualquier otro grupo o hermanos que han servido en algo.

5. El pastor debe dar un informe general de su obra y de la manera como Dios ha bendecido la obra de la iglesia, exhortando a la vez a la iglesia para seguir adelante con más fe y amor en la obra unida de la misma.

EL PRESIDENTE

1. Generalmente es el pastor o uno del Cuerpo Gobernante que tiene el don de presidir quien dirige estas reuniones.

2. Su obra es presidir con el fin de guardar el buen orden, dar la oportunidad para que todos den su palabra, testimonio o exhortación.

3. El no debe tomar toda la palabra, sino dar consejos, con el fin de que haya buen espíritu, buena cooperación entre todos, con el propósito de llegar a decisiones unánimes.

4. Si por acaso haya desacuerdo sobre algún asunto, él debe pedir oración para buscar del Señor unanimidad: si es algo de gravedad debe pedir que el asunto sea dejado hasta otra reunión para que todos pueden orar sobre el asunto, y buscar así la voluntad del Señor.

5. Debe pedir paciencia, bondad, amplitud, amor y benignidad en ocasiones difíciles.

EL SECRETARIO

El debe llevar el libro de las actas y puede tomar parte en las discusiones que haya, aconsejar, y ayudar con su buen conocimiento para crear ánimo de buena voluntad en las reuniones.

EL TESORERO

Según el Nuevo Testamento él debe ser uno de los diáconos que sabe sumar bien y guardar bien los libros de contabilidad de la iglesia. El debe dar a la iglesia un informe de los fondos cada mes. El puede tomar parte de las discusiones en las reuniones de la iglesia.

EL CONSISTORIO O CUERPO GOBERNANTE

Es el Cuerpo Gobernante de la iglesia y está formado de ancianos, diáconos, diaconisas. Diferentes grupos de iglesias tienen distintas formas de gobierno en sus iglesias según la costumbre de ellos. Está muy bien, pero aquí damos unos consejos que nos han sido provechosos.

En algunas de nuestras iglesias el pastor se reúne al principio de cada semana con su Cuerpo Gobernante para arreglar el trabajo de la semana, y en estas reuniones el que preside da instrucción en doctrina y otros asuntos necesarios para los ancianos, diáconos y diaconisas para que lleguen a ser mejores obreros.

Como cada iglesia madre tiene campos blancos a su cuidado en una ciudad o pueblo grande, una vez al mes se reúnen en el lugar central todos los ancianos, diáconos y diaconisas de los diferentes campos blancos para un tiempo de oración, adoración, informes, proyectos y enseñanza, etc. De esta manera la obra va creciendo y extendiéndose más y más.

Aconsejamos que una persona que se ha ausentado de una iglesia por más de tres meses no debe pedir ni recibir carta de transferencia, porque su iglesia no puede testificar del buen testimonio de su vida por haber estado ausente. Por eso, al trasladarse de un punto a otro, los evangélicos deben pedir que su buen testimonio sea enviado a la iglesia donde asistirán.

La iglesia debe asegurarse que la persona que ha pedido su traslado por medio de una carta haya sido bautizada evangélicamente, en el nombre del Padre, del Hijo y del Espíritu Santo.

Aconsejamos que si un creyente bautizado desea hacerse miembro de una iglesia y no puede conseguir su carta de transferencia, o dicha carta ya ha perdido su valor, después de haber dado un buen testimonio por un año en la iglesia donde quiere afiliarse puede ser recibido como miembro.

LA DISCIPLINA

La disciplina es una doctrina apostólica. Por lo tanto el pastor con humildad en cooperación con el consistorio y la iglesia debe aplicar la disciplina cuando ésta sea necesaria, recordando a la vez su misma flaqueza. Pablo declaró: "Así que, el que piensa estar firme, mire que no caiga" I Corintios 10:12. En el caso de no haber iglesia organizada el obrero en cooperación con los creyentes que haya en ese lugar está en el deber de aplicar la disciplina.

La disciplina es regla, orden y método en el modo de vivir. Pablo nos da este reglamento en I Corintios 5:1-13; Gálatas 6:1; II Tesalonicenses 3:14, 15; I Timoteo 1:20; 5:1, 11, 19, 20; II Timoteo 2:24, 25; Tito 1:5; 2:15.

La disciplina es instrucción de alguna persona especialmente en lo moral. Aquí esta persona es Cristo, que instruye tanto en lo moral como en lo espiritual. Mateo 18:15-20.

Por la razón anterior cuando un creyente haya pecado, el pastor o el obrero encargado debe, después de colocarse en el puesto perfecto de la humildad, visitarlo. Si no lo atiende la primera vez, entonces volverá nuevamente con un anciano, diácono o hermano de la iglesia con el fin de redargüirlo y hacerlo volver al Señor.

La persona que se hace miembro de una iglesia debe recordar ante todo que es un deber ineludible el dejarse disciplinar, es decir, ser capaz o apta de recibir disciplina o enseñanza. Es de lamentar que muchas veces algunos miembros bautizados de una iglesia local caen en pecado; y aunque son amonestados, continúan a sabiendas en él. Pues a éstos, si después de las visitas antes dichas siguen en su rebelión, es deber de la iglesia disciplinarlos.

La disciplina se aplicará tanto en casos de pecado leve como en los de pecado grave.

Si el pecado es leve, se le privará de la Santa Cena por determinado tiempo, siendo levantada esta pena cuando el culpable muestre que en verdad se ha arrepentido.

Si el pecado es grave, se le puede privar de la Santa Cena por seis meses. Si en este tiempo no se arrepiente, puede ser excluido de la lista de los miembros de la iglesia. En este caso si alguien después de ser borrado su nombre como miembro se arrepiente y pide de nuevo ser hecho miembro, debe antes haber dado buen testimonio por lo menos durante un año y después podrá ser recibido nuevamente, con el consentimiento de la iglesia.

Toda disciplina debe aplicarse de acuerdo con la constitución de la iglesia.

LA ORACION POR LOS ENFERMOS

El Nuevo Testamento habla del don de curar. Parece que pocos han recibido este don. Es muy probable que sea así porque los siervos de Dios no son suficientemente humildes. Si tuviesen este don, tomarían la gloria para sí mismos.

Santiago habla de la oración y unción de los enfermos, Santiago 5:13-20. Recomendamos un estudio de este pasaje.

1. El enfermo es el que llama a los ancianos.

2. La oración de fe salva.

3. Si la enfermedad ha sido causada por el pecado, éste debe ser confesado y arreglado antes de la oración. No es por decir que toda enfermedad es causada por pecado en la vida del enfermo.

4. Si hay disgustos o faltas entre los que van a orar o en el corazón del enfermo, éstos deben ser declarados y arreglados antes de la oración.

5. Por medio de la oración de fe el Señor obrará.

6. La unción de aceite se hace en el nombre del Señor. Hechos 3:16.

7. Se debe orar como oró Elías.

EL SERVICIO DE BAUTISMO

Serán bautizados los creyentes que han sido examinados por el consistorio; si no lo hay, por el pastor y las otras personas bautizadas que haya en ese lugar.

El pastor debe tener los candidatos bien instruidos para que al entrar en el agua sepan lo que deben hacer: La ropa sea digna de tal servicio, que guarden la boca cerrada y no pongan ninguna resistencia al ser sumergidos en el agua.

Antes de ir al lugar escogido para el bautismo, se puede tener un culto especial para hablar acerca de su significado y para dar algunas palabras de consejo a los candidatos. Cada uno de ellos debe dar su testimonio.

Algunas iglesias bautizan muy pronto; después de su salvación. Aconsejamos que usen las primeras clases para catecúmenos antes del bautismo y las otras después.

Habrá algunas personas para ayudar a los candidatos a entrar al agua y salir de ella. Al llegar el candidato donde el pastor, éste le hará algunas preguntas sobre su resolución de seguir a Jesús hasta la muerte. Recibiendo de él tal afirmación, lo bautizará diciendo: "Sobre la confesión de tu fe en el Señor Jesucristo como tu único Salvador; te bautizo en el nombre del Padre y del Hijo y del Espíritu Santo".

El mismo día o inmediatamente después de celebrar la Santa Cena el pastor en nombre de la iglesia les dará la mano en señal de su acogimiento a ella.

EL SERVICIO DE LA SANTA CENA

Cuando Cristo instituyó esta ordenanza, se llevó a cabo con la más humilde sencillez. Es nuestro deber guardar esta sencillez en el servicio.

Esta cena es un testimonio público de la participación de los creyentes en la sangre y en el cuerpo de Jesucristo. "La copa de bendición que bendecimos, ¿no es la comunión de la sangre de Cristo"? Al tomarla testificamos que hemos sido lavados en Su sangre y que tenemos perfecta comunión con Jesús. "El pan que partimos, ¿no es la comunión del cuerpo de Cristo? Siendo uno solo el pan, nosotros, con ser muchos, somos un cuerpo; pues todos participamos de aquel mismo pan". Al tomar el pan quebrantado o partido testificamos que somos miembros del cuerpo de Cristo por haber El muerto por nuestros pecados; decimos también que tenemos relación con los demás miembros del cuerpo con quienes estamos participando. La Cena demuestra la unidad del cuerpo, que Cristo es nuestro sacerdote y que todos nosotros somos hermanos. Es por esto que tenemos la mesa al pie del púlpito en medio de la congregación y bajamos del púlpito para unirnos alrededor de la mesa. El pastor se une a todos los demás, un humilde siervo y hermano, reconociendo a Jesús, Señor, y Salvador, como el Unico Jefe, Cabeza y Sacerdote de la Iglesia.

Cuando el pastor o anciano esté repartiendo el pan y el vino, debe recordar él, que no es Cristo ni un sacerdote tomando su lugar, sino un siervo de Cristo y hermano entre los demás creyentes. Por eso no debe tomar el pan directamente de la mesa como si fuese Cristo, sino debe aceptar el pan y el vino de la mano del anciano o diácono como de uno que también es siervo.

Aconsejamos el uso de las palabras del apóstol Pablo que tenemos en I Corintios 11:23-26 para el servicio.

Se puede invitar a la cena a todos los creyentes presentes en el culto que sean bautizados evangélicamente y estén en comunión con Cristo y la Iglesia.

Antes de llegar el momento de la cena es bueno tener todo listo en la mesa y los participantes en las primeras bancas.

A veces el pastor puede dar una breve explicación de lo que significa la Cena del Señor. Después de unos minutos de oración en silencio para que todos estén quietos y listos delante de Dios, continuará con oración dando gracias por la obra perfecta de la redención hecha por nuestro Señor y Salvador Jesucristo y en seguida pedirá la bendición de Dios sobre esta comunión.

Después toma el pan y lo parte y con el plato en la mano dice: "Tomad, comed; esto es mi cuerpo que por vosotros es partido; haced esto en memoria de mí", (versículo 24). Entrega el platillo al hermano o hermanos que lo reparten. Al volver a la mesa el pastor toma su pan de la mano del hermano y recibe de él el platillo para ofrecer a su vez el pan al hermano que se lo ofreció a él y dice: "Así, pues, todas las veces que comiereis este pan . . . la muerte del Señor anunciáis hasta que él venga", (versículo 26), y en este momento todos comerán el pan.

Tomando la copa dice: "Esta copa es el nuevo pacto en mi sangre; haced esto todas las veces que la bebiereis, en memoria de mí", (versículo 25). Dicho esto entrega las copas al hermano o a los hermanos que las reparten. Al volver recibe de su mano su copa y él entrega a los hermanos las suyas y dice: "Así, pues, todas las veces que . . . bebiereis esta copa, la muerte del Señor anunciáis hasta que él venga", (versículo 26), y en este momento todos beberán.

EL SERVICIO DE PRESENTACION

Serán presentados los niños menores de tres años que son hijos de padres evangélicos. Por lo menos uno de los padres debe ser bautizado y en plena comunión con Cristo y la iglesia. Este servicio se llevará a cabo públicamente en un culto de la iglesia. Es bueno en este día tener un sermón especial en el cual se hará énfasis sobre la responsabilidad de los padres de instruir a sus hijos en las verdades del evangelio, mostrándoles desde muy niños que son pecadores y tienen que recibir a Cristo para ser salvos.

Al terminarse el discurso, los padres con el niño pasarán delante de la congregación, y el pastor les hará las preguntas debidas.

Al recibir la afirmación de los padres, el pastor hará una oración en la cual presentará el niño al Señor pidiendo su salvación al llegar a la edad de la decisión propia y que llegue a ser un obrero fiel en la viña del Señor. Después lo tomará en los brazos si es chiquito, y poniéndole la mano sobre la cabeza pedirá la bendición del Señor.

Es de notar que esto no es bautismo, ni lo reemplaza. Solamente es un hecho de presentación de los hijos al Señor por parte de los padres creyentes y su voto público de enseñarlos en el evangelio y trabajar sin descanso para su salvación.

Es aconsejable y deseable que el pastor u obrero tenga una reunión con los padres que van a presentar un niño con el fin de exhortarles en la buena manera de instruir a sus hijos en la verdad. A continuación va una meditación sobre este asunto.

1. La Enseñanza Bíblica.
   (a) La Biblia enseña que si se "instruye al niño en su camino. Y aun cuando fuere viejo no se apartará de él". Proverbios 22:6.
   (b) La parte de los padres es instruir a sus hijos con fidelidad en todas las enseñanzas del evangelio. Deuteronomio 6:6-9.
   (c) Timoteo es un ejemplo de la fidelidad de los padres que instruyen a sus hijos en toda verdad, y también de la fidelidad de Dios para cumplir Su palabra salvando a Timoteo y poniéndolo en el ministerio. II Timoteo 3:15.
   (d) La instrucción tiene que ser llevada a cabo con fidelidad durante la niñez y juventud de acuerdo con las enseñanzas bíblicas.
      (1) Hay pecado en el corazón que solamente la vara puede alcanzar. Proverbios 22:15.
      (2) El castigo debe ser aplicado con juicio y amor. Proverbios 13:24; 19:18; 23:13, 14; 29:15, 17. El padre nunca debe castigar cuando está encendido por la ira. Primeramente al culpable se le debe mostrar que su acto malo es pecado y una ofensa contra Dios. Después tiene que aplicársele el castigo. Este debe darse en una parte del cuerpo donde duela pero no haga daño. Por último hacer oración con el castigado. Este debe pedir perdón al padre o a los padres y después a Dios.

2. La Fe de los Padres.
   (a) Los padres tienen que tener su fe puesta firmemente en la naturaleza de Dios. El no cambia nunca. II Timoteo 2:15; Tito 1:2.
   (b) También deben tener fe inamovible en las promesas de Dios. Hebreos 6:12-20. Los padres deben creer que Dios es fiel a Sí Mismo. Su naturaleza no cambia; por eso no puede negarse a Sí Mismo, ni tampoco negarse a contestar Su Palabra dada. Cuando los padres cumplen con fidelidad las instrucciones dadas por Dios en Su Palabra en relación con sus hijos, tienen derecho a demandar de Dios la salvación de ellos basando su demanda sobre la fidelidad de Dios, primero a Sí Mismo y en segundo lugar a Su Palabra.
   (c) La abuela y la madre de Timoteo son ejemplos de esta gracia. II Timoteo 1:5.

3. Los Padres son Ejemplos.
   (a) Los padres no deben hacer nada para provocar a sus hijos, ni tampoco para irritarlos. Efesios 6:4; Colosenses 3:21.
   (b) Los hijos hacen lo que ven a sus padres hacer.

CULTOS ESPECIALES

Durante el año hay ciertas festividades de la iglesia, otras son nacionales y algunos días importantes cuando todo el mundo está pensando en una sola y determinada cosa. El predicador puede usar estas fiestas para congregar a las gentes y usar el tema u ocasión de la fiesta con el fin de dar énfasis a alguna verdad del evangelio.

La Pascua: Durante estos días puede hablar especialmente sobre la pasión, muerte y resurrección de nuestro Señor.

La Navidad: Puede hacer énfasis sobre la manera en que se humanó Jesús para ser nuestro Salvador. También puede corregir el error que tienen muchos en relación con las peticiones hechas al Niño Dios.

Año Nuevo: Uno puede hablar de nuevas resoluciones, etc., mostrando que solamente por el poder del Espíritu Santo podemos guardarlas.

Fiestas de la Iglesia Romana: Como estos días son días feriados, los evangélicos pueden reunirse para cultos y conferencias especiales o para la oración y ayuno.

Fiestas de la Nación: A veces cultos especiales en estos días son oportunidades para exhortar a la gente que el amor a la patria debe manifestarse en llevar el evangelio a todos. Buenos evangélicos hacen los mejores ciudadanos.

Hay otros días como el de la Biblia, y el del instituto, etc. El predicador debe cuidarse mucho de no volver a su congregación curiosa, que siempre está buscando una nueva fiesta con el fin de celebrar algo nuevo.

EL MATRIMONIO

Antes de celebrar el matrimonio, el ministro debe cerciorarse de modo indudable de que los contrayentes hayan cumplido con los requisitos de la ley civil del país.

Los contrayentes pueden presentarse ante el ministro en una casa particular o en un templo, pero siempre ante testigos, y conviene la mayor publicidad.

INSTRUCCION SOBRE LA CEREMONIA RELIGIOSA

Los novios deben vestirse decentemente, de una manera sencilla, ni arreglos mundanos, sin afeites. Es bueno recordar que se trata de una ceremonia religiosa, y por lo tanto no debe imitarse al mundo en su manera de vestir ni en el arreglo de sus templos.

Cuando todo esté listo y los congregados en sus puestos, el novio entrará acompañado del pastor que va a oficiar e irán hasta llegar frente al púlpito donde esperarán. El pastor da la cara a la congregación y el novio frente al pastor mirándolo. En seguida el pianista u organista tocará la marcha nupcial, y la novia entrará acompañada de su padre o la persona que la entregará al novio. Al entrar la novia, los congregados se pondrán de pie. Detrás de ella seguirán los dos pajes, si los hay; en seguida las dos damas de honor, por último los dos padrinos, y todos ellos se dirigirán hasta donde está el novio. La novia y su padre se pondrán al lado izquierdo del novio. Las dos damas se pondrán al mismo lado de la novia, los padrinos al del novio, y los dos pajecitos delante de la pareja, llevando en una bandeja o cajita los anillos nupciales.

El pastor elevará una oración de invocación y luego la congregación de pie entonará un himno. Después los novios y sus acompañantes se sentarán en la primera banca, que ha sido reservada para ellos, y el pastor predicará un sermón de quince minutos más o menos, que será de alegría y gozo, haciendo un llamamiento a los cónyuges a formar un hogar en el temor de Dios. Al terminar el sermón los novios y sus acompañantes, juntamente con toda la congregación, se pondrán de pie. En seguida los novios se acercarán al pastor, el cual los unirá en santo matrimonio.

Terminada la ceremonia, la esposa tomará el brazo de su esposo y se dirigirán a la puerta, seguidos por los pajes, la primera dama tomará el brazo del primer padrino y la segunda del segundo, y a lo último el padre con el pastor. Los congregados saldrán en orden y se acercarán a los recién casados para felicitarlos.

ORDEN DEL MATRIMONIO

Los contrayentes comparecerán ante el ministro, el hombre a la derecha y la mujer a la izquierda.

Himno.

Oración. Esta u otra por el estilo.
Nuestro Padre y nuestro Dios, ningún gozo nuestro es perfecto si Tú no lo haces completo. Falta algo sublime de nuestras horas más felices si la bendición de Dios no nos acompaña. Suplicámoste, pues, que como nuestro Señor Jesús fue a las bodas de Caná de Galilea, así ahora estés Tú con nosotros.

Sobre todo, te pedimos que la presencia de Cristo sea una sentida realidad para este hombre y esta mujer, que van a hacer juramento solemne delante de Ti y ante estos testigos, de modo que el recuerdo de esta hora les fortalezca y les consuele en medio de todos los cambios del futuro. Llena, oh Cristo, de felicidad esta hora; ven a estas bodas. Amén.

El Mensaje.

Dirigiéndose a los contrayentes, el ministro dirá lo siguiente:

Habéis venido ante mí, como ministro de Cristo,

para ser unidos con los santos lazos del matrimonio. Tomáis un paso serio y solemne; os tomáis el uno al otro para bien o para mal, para riquezas o pobreza, para gozo o tristeza, para salud o enfermedad, en todo lo que la vida da y en todo lo que quita, y seréis el uno al otro fiel y verdadero marido y esposa hasta que la muerte os separe. Oíd, pues, la palabra de Dios escrita para vuestra instrucción, y para que tengáis luz en vuestro camino.

"Maridos, amad a vuestras mujeres, así como Cristo amó a la iglesia, y se entregó a sí mismo por ella, para santificarla . . . Así también los maridos deben amar a sus mujeres como a sus mismos cuerpos. El que ama a su mujer, a sí mismo se ama . . . Por esto dejará el hombre a su padre y a su madre, y se unirá a su mujer, y los dos serán una sola carne". Efesios 5:25-31.

"Vosotros, maridos, igualmente, vivid con ellas sabiamente, dando honor a la mujer como a vaso más frágil, y como a coherederas de la gracia de la vida, para que vuestras oraciones no tengan estorbo" I Pedro 3:7.

Así mismo, oíd lo que dicen las Sagradas Escrituras a las esposas:

"Las casadas estén sujetas a sus propios maridos, como al Señor; porque el marido es cabeza de la mujer, así como Cristo es cabeza de la iglesia . . . Así que, como la iglesia está sujeta a Cristo, así también las casadas lo estén a sus maridos en todo" Efesios 5:22-24.

"Cada uno de vosotros ame también a su mujer como a sí mismo y la mujer respete a su marido" Efesios 5:33.

Amén. ¡Que Dios bendiga la lectura de Su Santa Palabra!

¿Quién es el que entrega a esta mujer para ser casada con este hombre? El padre de la novia contestará, "Yo".

En señal de vuestra fidelidad a los votos santos que vais a pronunciar, daos mutuamente la mano derecha.

Dirigiéndose al hombre, el ministro dirá:

M_____ ¿tomáis a esta mujer_____ para ser vuestra esposa legítima, como lo habéis prometido ante las autoridades civiles, y prometéis y pactáis ante Dios y nosotros, Sus testigos, amarla y protegerla, renunciando a todas las otras, hasta que la muerte os separe?

El novio responderá: Sí.

Entonces el ministro dirá a la mujer:

N_____ ¿tomáis a este hombre _____ para ser vuestro marido legítimo, como lo habéis prometido ante las autoridades civiles, prometéis y pactáis ante Dios y nosotros, Sus testigos, amarle, honrarle y obedecerle, renunciando a todos los otros, hasta que la muerte os separe?

La novia responderá: Sí.

Si los novios desean y están provistos de anillo nupcial, se empleará la parte siguiente. Sin embargo, no es necesaria.

Los novios soltarán sus manos.

El ministro dirá:

En prenda de estos votos, ¿tenéis un anillo?

El novio alcanzará el anillo al ministro.

El ministro teniendo el anillo entre los dedos dirá: ¡Que este anillo sea el símbolo puro e inmutable de vuestro amor!

Entonces alcanzándolo al novio dirá:

Ponedlo en el dedo anular de ella, y daos otra vez la mano derecha.

Con la novia hará lo mismo.

Entonces, el ministro nombrando los dos novios dirá:

_____ y _____, en
 (nombre del novio)   (nombre de la novia)
el nombre del Padre y del Hijo y del Espíritu Santo, os declaro marido y mujer según la ordenanza de Dios. Y lo que Dios juntó que ningún hombre lo separe.

Jehová os bendiga y os guarde: haga Jehová resplandecer Su rostro sobre vosotros y haga de vosotros misericordia. Alce Jehová sobre vosotros Su rostro y os conceda paz.

Oración. Esta u otra por el estilo.
Dios Todopoderoso, nuestro Padre Celestial, bendice a estos dos que ahora se han hecho uno en Tu gran nombre. Haz que Tu gracia les acompañe. Concédeles ahora Tu paz. Su vida no será toda en el sol: las sombras caerán en su camino y pasarán por sus corazones. La música festiva de esta hora dará lugar al silencio. Así Tú has dispuesto nuestra vida en Tu sabiduría paternal, y no pedimos que sea de otro modo. Mas pedimos

esto, oh Dios y Padre, concédeles que este amor que les ha traído aquí hoy sea perenne, inmutable en medio de los cambios, purificado en medio de las pruebas; que este hombre sea marido verdadero para esta mujer; que esta mujer sea esposa verdadera para este hombre. Prevalezcan en el nuevo hogar el cariño humano y el amor divino. Sé Tú Dios, su Salvador, su Consejero, su Guía y su Amigo, por el amor de Jesucristo.
Amén.

Himno.

Bendición:
La paz de Dios, que sobrepuja todo entendimiento, guarde vuestros corazones y mentes en el conocimiento y amor de Dios y de Su Hijo Jesucristo, nuestro Señor; y la bendición del Dios omnipotente, el Hijo y el Espíritu Santo sea con vosotros para siempre. Amén.

SEPULTURA DE LOS MUERTOS

Los casos son tan diferentes que no se puede trazar una pauta adecuada para todos los funerales. El obrero tiene que adaptar el servicio a las circunstancias de cada caso. Algunas veces se pueden cantar himnos, otras no. Si hay lugar para discurso, el obrero se cuidará al hacer sus referencias acerca de la fe del difunto si éste murió sin confesar a Cristo. Llamará fielmente a los presentes a recordar la eternidad que se acerca; pero evitará toda expresión que pudiera herir innecesariamente las susceptibilidades de los deudos.

ORDEN DE LOS FUNERALES

EN LA CASA O EN EL TEMPLO

Invocación: Bendito sea el Dios y Padre del Señor Jesucristo, el Padre de misericordias y el Dios de toda consolación, el cual nos consuela en todas nuestras tribulaciones.

Jehová ha dado y Jehová ha quitado; sea bendito el nombre de Jehová.

Himno.

Oración. Esta u otra por el estilo.

Dios Todopoderoso y Padre Eterno, sé con nosotros en esta hora de dolor y de tristeza cuando estamos agobiados en presencia de la muerte. Para nosotros es misterio, silencio, obscuridad, para Ti todo es luz. Ten pues paciencia con nuestros lamentos y consuélanos, oh Padre Eterno. Tú, oh Señor Jesús, que conociste el pesar del hombre por el hombre frente a la tumba de Lázaro, levanta ahora para nosotros el velo, y déjanos ver la realidad de la vida eterna y la inmortalidad que Tú sacaste a la luz. Tú, que inclinaste Tu cabeza en la cruz y pasaste bajo la sombra de la muerte, ten piedad de nosotros. Amén.

Entonces el ministro dirá:

Creemos que Jesús murió y resucitó, así también creemos que Dios traerá con Jesús a los que durmieron en Él. Creemos que los que han guardado la palabra de Cristo no morirán jamás. Creemos que los que han pasado de esta vida en la fe de Cristo no han dejado de existir, sino que están en vida más feliz en las moradas de Dios, y para nuestro consuelo en esta hora, reafirmamos nuestra fe en estas grandes verdades.

Oíd la palabra de Dios, escrita para nuestro consuelo y edificación en presencia de la muerte.

"Dijo Jesús: Yo soy la resurrección y la vida; el que cree en mí, aunque esté muerto, vivirá. Y todo aquel que vive y cree en mí, no morirá eternamente" Juan 11:25, 26.

"No se turbe vuestro corazón; creéis en Dios, creed también en mí. En la casa de mi Padre muchas moradas hay; si así no fuera, yo os lo hubiera dicho; voy, pues, a preparar lugar para vosotros. Y si me fuere y os preparare lugar, vendré otra vez, y os tomaré a mí mismo, para que donde yo estoy, vosotros también estéis. Y sabéis a donde voy, y sabéis el camino" Juan 14:1-4.

"Si en esta vida solamente esperamos en Cristo, somos los más dignos de conmiseración de todos los hombres. Mas ahora Cristo ha resucitado de los muertos; primicias de los que durmieron es hecho. Porque por cuanto la muerte entró por un hombre, también por un hombre la resurrección de los muertos. Porque así como en Adán todos mueren, también en Cristo todos serán vivificados. Pero cada uno en su debido orden: Cristo, las primicias; luego los que son de Cristo, en su venida" I Corintios 15:19-23.

"Tampoco queremos, hermanos, que ignoréis acerca de los que duermen, para que no os entristezcáis como los otros que no tienen esperanza. Porque si creemos que Jesús murió y resucitó, así también traerá Dios con Jesús a los que durmieron en él. Por lo cual os decimos esto en palabra del Señor: que nosotros que vivimos, que habremos quedado hasta la venida del Señor, no precederemos a los que durmieron. Porque el Señor mismo con voz de mando, con voz de arcángel, y con trompeta de Dios, descenderá del cielo; y los muertos en Cristo resucitarán primero. Luego nosotros los que vivimos, los que hayamos quedado, seremos arrebatados juntamente con ellos en las nubes para recibir al Señor en el aire, y así estaremos siempre con el Señor. Por tanto, alentaos los unos a los otros con estas palabras" I Tesalonicenses 4:13-18.

"Como el padre se compadece de los hijos, se compadece Jehová de los que le temen. Porque él conoce nuestra condición; se acuerda de que somos polvo. El hombre, como la hierba son sus días; florece como la flor del campo, que pasó el viento por ella, y pereció, y su lugar no lo conocera más" Salmo 103:13-16.

"Hazme saber, Jehová, mi fin, y cuánta sea la medida de mis días; sepa yo cuán frágil soy. He aquí, diste a mis días término corto, y mi edad es como nada delante de ti; ... Y ahora, Señor, ¿qué esperaré? Mi esperanza está en ti" Salmo 39:4, 5, 7.

"Aunque ande en valle de sombra de muerte, no temeré mal alguno, porque tú estarás conmigo; tu vara y tu cayado me infundirán aliento" Salmo 23:4.

Discurso.

Si es conveniente y hay tiempo, el obrero pronunciará un corto discurso sobre la brevedad de la vida y sobre la vida venidera. Si es del caso, llamará la atención a la fidelidad del difunto.

Himno.

Oración. En esta oración el obrero recordará nuestra esperanza de gloria, dará gracias a Dios por la vida que ha concluido esta etapa de su carrera y por lo que ha hecho en este mundo. Pedirá consolación para los deudos según el caso, recordando sus diversos motivos de pesar y de consuelo.

Bendición.

La gracia de nuestro Señor Jesucristo, el amor de Dios y la participación del Espíritu Santo sean con todos nosotros ahora y siempre. Amén.

EN EL PANTEON

Al llegar al cementerio, el ministro irá delante de los que llevan el ataúd, y detrás de éste irán los deudos y amigos. Llegados al sepulcro, bajarán el ataúd a la fosa, y antes de cubrirlo se hará el servicio siguiente:

(Si no ha habido servicio en la casa o en el templo, se tomará lo conveniente del servicio ya indicado.)

Oración. Esta u otra por el estilo.

Dios, nuestro apoyo en los pasados siglos,
Nuestra esperanza en años venideros,
En nuestra vida toda y en la muerte,
En Tu promesa nuestra fe ponemos;
Sé Tú nuestra defensa en esta vida,
Y nuestro hogar eterno;
Por amor de Cristo. Amén.

Entonces el obrero dirá:

"El hombre nacido de mujer, corto de días, y hastiado de sinsabores, sale como una flor y es cortado; y huye como la sombra y no permanece" Job 14:1, 2.

"Jehová dio, y Jehová quitó; sea el nombre de Jehová bendito" Job 1:21.

"Y el polvo vuelva a la tierra, como era, y el espíritu vuelva a Dios que lo dio" Eclesiastés 12:7.

Entonces el obrero o alguna otra persona echará un puñado de tierra sobre el ataúd y el obrero dirá:

Por cuanto le plugo a Dios Todopoderoso, en Su sabia providencia, separar de este mundo al alma de este hombre (mujer o niño, según el caso), por tanto nosotros encomendamos su cuerpo a la tierra, tierra a la tierra; polvo al polvo: en la esperanza segura y cierta de la resurrección a la vida eterna de todos los que durmieron en Jesús.

Oración.

Dios Omnipotente, nuestro Padre celestial, quien según los arcanos de Tu perfecta sabiduría y misericordia, has terminado para Tu siervo que ha muerto, el penoso viaje de esta vida, concédenos que mientras prosigamos nuestra peregrinación terrestre en medio de los sufragios, tentaciones y peligros de esta existencia, gocemos siempre del amparo de Tu misericordia infinita y que al fin lleguemos al puerto de salud eterna, mediante Jesucristo, Señor Nuestro. Amén.

Bendición.

Que la gracia, la misericordia y la paz de nuestro Señor Jesucristo sean con vosotros ahora y siempre. Amén.

LECTURA PARA LA SEPULTURA DE UN NIÑO

"No es la voluntad de vuestro Padre que está en los cielos, que se pierda uno de estos pequeños" Mateo 18:14.

"Porque os digo que sus ángeles en los cielos ven siempre el rostro de mi Padre que está en los cielos" Mateo 18:10.

"Como pastor apacentará su rebaño; en su brazo llevará los corderos, y en su seno los llevará; pastoreará suavemente a las recién paridas" Isaías 40:11.

"Voz fue oída en Ramá, llanto y lloro amargo; Raquel que lamenta por sus hijos, y no quiso ser consolada acerca de sus hijos, porque perecieron. Así ha dicho Jehová: Reprime del llanto tu voz, y de las lágrimas tus ojos; porque salario hay para tu trabajo, dice Jehová, y volverán de la tierra del enemigo" Jeremías 31:15, 16.

"Porque no pueden ya más morir, pues son iguales a los ángeles, y son hijos de Dios, al ser hijos de la resurrección" Lucas 20:36.

CONSTITUIR ANCIANOS

El ministro leerá:
"Pero es necesario que el obispo sea irreprensible, marido de una sola mujer, sobrio, prudente, decoroso, hospedador, apto para enseñar; no dado al vino, no pendenciero, no codicioso de ganancias deshonestas, sino amable, apacible, no avaro; que gobierne bien su casa, que tenga a sus hijos en sujeción con toda honestidad (pues el que no sabe gobernar su propia casa, ¿cómo cuidará de la iglesia de Dios?); no un neófito, no sea que envaneciéndose caiga en la condenación del diablo. También es necesario que tenga buen testimonio de los de afuera para que no caiga en descrédito y en lazo del diablo" I Timoteo 3:27.

"Por esta causa te dejé en Creta, para que corrigieses lo deficiente, y establecieses ancianos en cada ciudad, así como yo te mandé; el que fuere irreprensible, marido de una sola mujer, y tenga hijos creyentes que no estén acusados de disolución ni de rebeldía. Porque es necesario que el obispo sea irreprensible, como administrador de Dios; no soberbio, no iracundo, no dado al vino, no pendenciero, no codicioso de ganancias deshonestas, sino hospedador, amante de lo bueno, sobrio, justo, santo, dueño de sí mismo, retenedor de la palabra fiel tal como ha sido enseñada, para que también pueda exhortar con sana enseñanza y convencer a los que contradicen" Tito 1:5-9.

Entonces dirá el que preside:
El pastor, y obreros y miembros de esta iglesia en comunión con el Cuerpo Gobernante General, creemos que es la voluntad del Señor Jesús que Ud. _____ sea puesto como anciano de esta iglesia.

El nombrado se pondrá de pie al frente de la congregación.

Dirigiéndose a él, el que preside, dirá:
Le ruego me conteste las siguientes preguntas:

1. ¿Cree que las Escrituras del Antiguo y Nuevo Testamentos son la palabra de Dios, la única regla infalible de fe y práctica?

2. ¿Promete poner todo empeño en formar su vida personal y gobernar su casa en conformidad con la doctrina de Cristo, procurando en cuanto le sea posible que usted y ella den ejemplo digno en la iglesia de Cristo?

3. ¿Promete no intentar nunca, ni directa ni indirectamente, el perjuicio o la subversión de la doctrina, el culto, la disciplina o el gobierno

de esta iglesia?

4. ¿Promete estudiar con el fin de conservar la paz, la unidad y la pureza de la iglesia?

5. ¿Acepta el oficio de anciano de esta congregación, y promete cumplir fielmente con todos los deberes de él?

Responderá afirmativamente. Oración.

Constitución:

Hermano _____ en el nombre del Señor Jesucristo, por creer que el Señor le ha llamado a este ministerio, le constituimos anciano de esta iglesia. Que el Dios Omnipotente, Padre de nuestro Señor Jesucristo le llene de su gracia y le ayude a cumplir sus deberes a la gloria de su nombre. Amén.

Estos son los cargos que los apóstoles impusieron a los ancianos.

El apóstol Pedro dice en su primera epístola:

"Ruego a los ancianos que están entre vosotros, yo anciano también con ellos, y testigo de los padecimientos de Cristo, que soy también participante de la gloria que será revelada: Apacentad la grey de Dios que está entre vosctros, cuidando de ella, no por fuerza, sino voluntariamente; no por ganancia deshonesta, sino con ánimo pronto; no como teniendo señorío sobre los que están a vuestro cuidado, sino siendo ejemplos de la grey. Y cuando aparezca el Príncipe de los pastores, vosotros recibiréis la corona incorruptible de gloria" I Pedro 5:1-4.

El apóstol Pablo dijo a los ancianos de la iglesia

en Efeso:

"Mirad por vosotros, y por todo el rebaño en que el Espíritu Santo os ha puesto por obispos, para apacentar la iglesia del Señor, la cual él ganó por su propia sangre" Hechos 20:28.

Y a Timoteo, escribió:

"Mas tú, oh hombre de Dios, . . . sigue la justicia, la piedad, la fe, el amor, la paciencia, la mansedumbre. Pelea la buena batalla de la fe" I Timoteo 6:11, 12.

Amén. Que Dios bendiga la lectura de Su Santa Palabra.

Capítulo 5

Clases para Catecúmenos

Damos en seguida algunas clases que el obrero puede dictar a los que aspiren a ser bautizados en agua "en el nombre del Padre y del Hijo y del Espíritu Santo".

En estas clases tiene uno reunidos a los recién nacidos. Hay gran oportunidad de adoctrinarlos bien en la fe cristiana.

Los fundamentos que se echarán en estas clases resultarán para bien o para mal en la vida de los catecúmenos. Asegúrese de que estén fundados sobre Cristo, la Roca, y las Escrituras.

Las clases van numeradas, pero la mayoría de ellas pueden ser divididas en dos o más. Tenga cuidado de hacer que los catecúmenos traigan sus Biblias y que busquen los versículos citados y los lean.

La primera clase es con el fin de sondearlos en cuanto a su salvación en Cristo Jesús y de su conocimiento de las cosas elementales del evangelio.

Las clases 3 a 7 refutan los errores del Romanismo en que los catecumenos han sido criados. Uno debe asegurarse que hayan comprendido la diferencia entre la enseñanza romana y la evangélica.

Las clases 8 a 14 hablan de las responsabilidades del creyente en sus distintos puestos de la vida, debiendo ser aplicadas a la vida diaria de cada uno.

Si al terminar las clases el obrero está satisfecho y encuentra a las personas listas para el bautismo, éstas pueden ser presentadas al cuerpo directivo de la iglesia para su aprobación o desaprobación. Estas clases son solamente una guía. El obrero puede añadir lo que les falte.

CLASE 1

1. Debe hacerles las siguientes preguntas para asegurarse de su conversión o sea de su renacimiento.
   (a) ¿Por qué quiere usted ser bautizado?
   (b) ¿Ha renacido usted? ¿Cuándo?
   (c) ¿Tiene vida eterna? ¿Cómo la consiguió?
   (d) ¿Qué es el renacimiento?
   (e) ¿Tiene usted el Espíritu Santo?
   (f) ¿El bautismo de agua le salva? Etc.

2. Si alguno contesta mal, explíquele bien el punto donde se equivocó.

3. Si halla alguno que no ha aceptado a Cristo en su corazón, explíquele y exhórtele para que lo acepte ya. Si la persona tiene duda de su salvación, no es salva.

Una cosa es tener la verdad en la cabeza y otra tener a Cristo en el corazón. Asegúrese de que todos tengan a Cristo en el corazón y no de que solamente hayan tenido un cambio de religión.
   (a) "Yo estoy a la puerta ... entraré" Apocalipsis 3:20.
   (b) "A todos los que recibieron ... hijos de Dios" Juan 1:12.

(c) "Con el corazón se cree... con la boca se confiesa" Romanos 10:10.

Un estudio cuidadoso de Juan 3:1-21 confirmará el recién nacido bien en su nuevo nacimiento.

CLASE 2

¿QUIENES PUEDEN SER BAUTIZADOS?

1. Los arrepentidos. Hechos 2:38. ¿Qué significa el arrepentimiento?
   (a) Dolor y pena de haber ofendido a Dios.
   (b) Resolución de no volver a pecar.

2. Los que han creído. Hechos 8:12, 36-39; 10:44-46. ¿Qué tienen que creer? Lo que creyó el etíope. Creyó en Jesús como Su Salvador, Cristo como el Ungido y Enviado de Dios, Hijo de Dios. El es Dios.

3. Los que conocen la doctrina. Mateo 28:19.

¿Pueden los hijos de los incrédulos y de los creyentes menores de tres años llenar estos requisitos? No. ¿Podrán entonces ser bautizados?

CLASE 3

RAZONES POR LAS CUALES NO CREEMOS EN LAS ENSEÑANZAS CATOLICO-ROMANAS SOBRE EL BAUTISMO

El bautismo en agua:

1. No es renacimiento. Juan 3:1-16.

2. No es perdón del pecado original. Romanos 5:1, 17-21.

3. No concede el perdón a los pecados actua-

les. Apocalipsis 1:5.

4. No nos hace hijos de Dios. Juan 1:12; Gálatas 4:4-7.

5. No nos da la salvación. Efesios 2:8.

6. No nos da la vida eterna. Juan 3:15, 16, 36.

7. No nos hace herederos de la gloria. I Pedro 1:4,5.

8. No nos remite toda la pena. Isaías 53:4.

9. No nos confiere la primera gracia. Juan 1:16, 17.

10. La Biblia no nos dice nada de padrinos.

11. El bautismo bíblico no tiene nada que ver con poner un nombre. Muchas veces en países paganos, al creer el evangelio y ser bautizados toman un nombre cristiano en lugar de su nombre pagano de mal significado.

CLASE 4
EL BAUTISMO Y LO QUE ES

1. Una ordenanza. Ordenado por Jesús. No salva. El ejemplo del ladrón. Lucas 23:42, 43. Pablo en Corinto. I Corintios 1:14-16.

2. Obediencia a la palabra de Jesús. Mateo 28:19; Hechos 2:38.

3. Manifestación del creyente.
   (a) De su arrepentimiento. Hechos 2:38.
   (b) De su fe. Hechos 8:37.
   (c) De haber sido adoctrinado. Mateo 28:19.

(d) De su muerte con Cristo. Romanos 6:2.
(e) De su resurrección con Cristo. Colosenses 2:12.

4. Demuestra nuestra unión con Jesús.

Las citas dadas, Romanos 6:3, Colosenses 2:12 y Gálatas 3:27 se refieren al bautismo del Espíritu Santo, pero son ejemplificadas por el bautismo en agua. (Véase el libro, *El Espíritu Santo y el Creyente*).

5. Es el testimonio del creyente delante de cuatro elementos, como era el de Cristo. Mateo 3:46 a 4:1.
   (a) Al mundo, de su completa separación de él.
   (b) A Dios, que pertenece a El.
   (c) Al diablo, que no le pertenece ya más.
   (d) A la iglesia, que es miembro de Cristo y de ella.

6. Por el bautismo en agua los salvos son unidos al grupo de los que creen. Hechos 2:41.

7. Dios añade las almas a la iglesia de Cristo. Hechos 2:47. El bautismo añade las personas a la iglesia local. Hechos 2:41. En el bautismo de niños todo lo anteriormente dicho pierde su significado.

INMERSION

1. El modo bíblico. Juan 3:23; Hechos 8:38, 39.

2. Significa muerte y resurrección. Romanos 6:3, 4; Colosenses 2:12.

3. El significado primario de la palabra griega es "zambullir".

CLASE 5

RAZONES POR QUE NO CREEMOS EN LA MISA

1. La misa no es un sacrificio. Hebreos 9:12, 28; 10:10, 12, 14.

Cristo no puede morir otra vez ni repetidas veces Romanos 6:9. Cristo tiene un cuerpo glorificado sobre el cual la primera muerte no tiene poder. Apocalipsis 20:6. Un sacrificio sólo tiene que ver con el pecado. Jesús resucitado no tiene que ver más con el pecado. Hebreos 9:28.

2. La misa no hace remisión del pecado. Hebreos 9:22.

3. El pan no se cambia en el cuerpo de Jesús. Juan 6:53, 60-63. I Corintios 11:24.

4. El vino no se cambia en Su sangre. Lucas 22:20; I Corintios 11:25.

Pedro hablando de Cristo dijo: "Este Jesús es la piedra reprobada" Hechos 4:11, y Cristo hablando de Sí Mismo dijo: "Yo soy la puerta" Juan 10:9, usando palabras figurativas que no deben entenderse literalmente.

5. Si estos elementos no se cambian, la adoración de la hostia es idolatría.

EL BAUTISMO Y LA SANTA CENA

El Bautismo y la Santa Cena no son sacramentos sino ordenanzas. El diccionario da a la palabra sacramento los siguientes significados: "Signo sensible de efecto interior espiritual que Dios obra en nuestras almas", "cada uno de los siete signos exteriores instituidos por Jesús para confirmar una gracia o un efecto interior". Se entiende que la gracia interior es concedida al ser recibido el signo exterior; así dando poder salvador al sacramento, que ni Jesús ni los apóstoles dieron. Una ordenaza es algo mandado por Jesús para que la cumplamos.

CLASE 6
LA SANTA CENA

1. Es una ordenanza, pero no es un medio de salvación.
    (a) Fue instituida por Jesús. Lucas 22:19, 20.
    (b) Fue continuada por los apóstoles. Hechos 2:42; 20:7.

2. Es una cena de obediencia. "Haced esto" I Corintios 11:25.

3. Es una cena en memoria de Jesús. I Corintios 11:25.

4. Es una cena de anuncio. I Corintios 11:26.
    (a) De la muerte de Jesús.
    (b) De la segunda venida de Jesús.

5. Es la cena del Nuevo Pacto. I Corintios 11:25.

6. Es una cena de juicio para los creyentes que pecan. I Corintios 11:29.

7. Es una cena de comunión. Unión del cuerpo.
    (a) Con los hermanos. Hechos 2:42.
    (b) Con el cuerpo (Iglesia). I Corintios 10:16.

8. Es una cena de participación. I Corintios 10:16, 17.

Al participar de ella demostramos que ya hemos participado en la sangre de Cristo y en el perdón que El nos da por haber llevado nuestro pecado en Su cuerpo.

9. Es una cena de bendición. I Corintios 10:16.

CLASE 7
LOS SANTOS, MARIA, LOS IDOLOS
LOS ANGELES

Los verdaderos santos son hombres y mujeres redimidos por Jesucristo. Efesios 1:1; Filipenses 1:1; Colosenses 1:2.

No hay Escritura que autorice la veneración a los hombres y mujeres ya muertos. Ni tampoco nos autoriza la Biblia a dirigirles oraciones y súplicas.

María, la madre de Jesús. Mateo 1:18. Ella no es madre de Dios, sino madre del cuerpo físico de Jesús. Ella no puede ser mediadora, porque no murió por los pecadores. I Timoteo 2:5, 6; I Juan 2:1, 2. La Biblia no autoriza las peticiones dirigidas a ella.

Jesús durante Su ministerio la honró como madre de Su humanidad, no más. Mateo 12:46-50; 13:55, 56. El nunca la llamó madre, sino mujer.

Ella fue salva por la obra redentora de Jesús; luego también era pecadora, por cuanto todos pecaron menos Jesús. Lucas 1:47; Juan 2:4; 12:23, 24.

La hechura de y adoración a toda clase de ídolo o imagen están prohibidas en la Biblia. Exodo 20:3-5; Salmo 115:1-9; I Juan 5:21.

LOS ANGELES

1. **Angeles buenos.** Son seres creados por Dios antes del hombre. I Corintios 6:3; Job 38:7. Entre ellos hay querubines, serafines, arcángeles y ángeles.

Su ministerio es el de servir a Dios y a los hombres. Hebreos 1:14; Mateo 18:10.

No hay base para decir que cada persona tiene un ángel custodio (de la guarda). No deben de ser adorados ni tampoco debemos dirigirles oraciones. Colosenses 2:18; Apocalipsis 19:10.

2. **El ángel del pacto.** Otros nombres dados a este ser celestial son el ángel, ángel de Jehová y ángel de la Presencia. El recibió honores y reverencia y no pudo ser otro que una manifestación pre-encarnada del Logos, de Cristo mismo. Génesis 22:11, 12; Exodo 3:2-6; Josué 5:13-15.

3. **Angeles malos.** Entre éstos tenemos a Satanás, que tiene otros muchos nombres. El es un malvado, y por medio de multitudes de ángeles caídos y demonios trabaja incansablemente contra Dios y los creyentes. Efesios 2:2; 6:12; Mateo 4:1-11; 12:26, 27; Apocalipsis 12:3, 4.

Tenemos que resistirle en el nombre de Jesús, creyendo confiadamente que ha sido derrotado por completo por Jesús en Su muerte y resurrección y en nuestro andar diario está derrotado por el poder del Espíritu Santo en nosotros. Colosenses 2:15; I Pedro 5:8; Efesios 4:27; Santiago 4:7; Efesios 6:13-18; Apocalipsis 12:11.

Las clases 8 hasta 13 tienen relación con las responsabilidades del creyente.

CLASE 8

LAS RESPONSABILIDADES EN SU VIDA PUBLICA
MATEO 7:16; I TIMOTEO 3:7

1. No debe comprar fiado. Dios puede hacerle un milagro. Mateo 6:26-34. Después de todo es mejor esperar en Dios.

2. No debe tener deudas. Dios proveerá. Romanos 13:8.

3. No debe comprar lotería, desconfiando así de la providencia de Dios.

4. No debe tomar, fumar, ni usar narcóticos. I Corintios 3:16; 6:19.

5. No debe fornicar. I Corintios 5:9. Dios ha instituido el matrimonio. Génesis 2:23, 24. Los jóvenes deben buscar sus novias entre las creyentes. II Corintios 6:14.

6. No debe frecuentar cines, bailes, juegos de azar, etc. No debe ir donde tendría vergüenza de llevar a Cristo. II Corintios 6:14-18.

7. No debe trabajar el día domingo. Apocalipsis 1:10.

8. Debe vestirse bien sin usar adornos y coloretes. I Pedro 3:1-4; I Timoteo 2:8-10; I Corintios 11:1-16.

9. Que tengan mucho cuidado con los radios y televisores: por ellos pasan música mundana, si el evangélico mira y escucha los tales se enfriará rápidamente.

10. No debe tener predilección a los argumentos.

11. Los casados deben dar ejemplo de santidad, amor, aseo y orden.

12. Debe propagar el evangelio por medio de conversaciones, tratados, revistas evangélicas, libros, cartas y visitas.

CLASE 9
LAS RESPONSABILIDADES PERSONALES

1. Una vida de santidad. I Pedro 1:16.

2. La lectura de la palabra de Dios. II Timoteo 3:15.

3. La meditación en la Palabra. Salmo 119:78.

4. La oración en privado. Mateo 6:5, 6.

5. Tener la Palabra en el corazón. Hebreos 10:16.

6. Mantener pensamientos buenos y limpios. Filipenses 4:8.

7. Leer buenos libros. I Timoteo 4:16; II Timoteo 4:13.

8. Hacerle a Cristo una completa entrega de sí mismo. Romanos 6:13.

9. Ser lleno del Espíritu Santo. Efesios 5:18.

10. Separarse de todo lo mundano. II Corintios 6:14.

CLASE 10
LAS RESPONSABILIDADES FAMILIARES

1. Buen ejemplo, buenos hábitos, buen aseo.

2. El culto familiar. Deuteronomio 6:6-9.

3. La bendición del alimento antes de comer. I Timoteo 4:3-5.

4. No comer sangre. Hechos 15:28, 29.

5. Destruir los ídolos, pinturas, cuadros, etc. que hayan sido objetos de veneración religiosa. Hechos 19:19.

6. La moralidad y respeto mutuo. Efesios 5:21.

7. El amor fraternal. El hombre es la cabeza en amor. Efesios 5:21-23.

8. El respeto de los hijos a los padres. Efesios 6:1-3.

9. Pedir y esperar la salvación del hogar. Hechos 16:31.

10. Enseñar a los hijos el evangelio y llevarlos al Salvador.

11. Cada familia debe tener su propio hogar aun cuando sea en una sola pieza.

CLASE 11
LAS RESPONSABILIDADES HACIA LA IGLESIA LOCAL

1. El bautismo en agua lo hace miembro de la iglesia local. Hechos 2:41.

CLASES PARA CATECUMENOS

2. Dar el diezmo en la iglesia donde uno es miembro.

3. Sostener al pastor y a la obra. Cuidar el edificio. I Corintios 9:14.

4. Guardar el día del Señor y asistir a todos los cultos. Hebreos 10:25.

5. No debe ser ambulante sino apoyar fielmente su propia iglesia.

6. Las reuniones consisten en el testimonio unido, la adoración a Dios y la comunión entre hermanos.

7. Uno debe aprender a tomar parte activa en el culto.

8. Debe traer a otros a los cultos.

9. Tener cultos regulares en sus casas.

10. Respetar al pastor, ancianos y diáconos. Hebreos 13:7, 17.

11. El amor fraternal. No escuchar chismes. Efesios 4:30-32.

12. No hablar mal de otros. Mateo 18:15-17; Efesios 4:31.

CLASE 12

EL SOSTENIMIENTO DE LA OBRA DEL SEÑOR

1. Por medio de ofrendas voluntarias. Exodo 25:2; 35:5, 22-29.

2. Por medio de ofrendas ordenadas. "Primer día" I Corintios 16:2.

3. Por ofrendas arregladas entre el creyente y Dios. "Como propuso" II Corintios 9:7.

4. Ofrecidas con gozo. "El dador alegre" II Corintios 9:7.

5. El dar es como sembrar. II Corintios 9:6.

6. Los obreros son sostenidos así. I Corintios 9:14.

7. El Nuevo Testamento habla de dar. El diezmo pertenece a Dios y no a nosotros. No empezamos a dar hasta que demos más del diezmo.

EL DIEZMO

1. Abraham dio el diezmo. Génesis 14:18-20. Abraham, padre de los creyentes, Gálatas 3:7-9, dio el diezmo a Melquisedec. Melquisedec es tipo de Cristo. Hebreos 7.

2. Jacob dio el diezmo. Génesis 28:22.

3. El diezmo fue ordenado en la ley. Levítico 27:30.

4. Los levitas fueron sostenidos por el diezmo. Números 18:21.

5. Malaquías exige el diezmo. Malaquías 3:8-10.

6. Los sacerdotes y levitas tenían que diezmar.

7. El diezmo debe ser dado donde el creyente es miembro.

8. ¿Debe el creyente dar menos del diezmo?

9. Dios bendice a los que diezman. Proverbios

CLASES PARA CATECUMENOS 159

3:9, 10.

10. Los israelitas daban más del diezmo. Deuteronomio 12:6.

11. Cristo no revocó el diezmo. Mateo 23:23.

CLASE 13
LA PRESENTACION DE LOS NIÑOS

La presentación no es ordenanza. Entonces, ¿por qué presentamos a nuestros niños?

1. Porque reconocemos que los hemos recibido de Dios. Salmo 127:3.

2. Creemos en la promesa: "Serás salvo, tú y tu casa" Hechos 16:31. Demostramos:
   (a) Nuestra resolución de criarlos en el evangelio.
   (b) Nuestro propósito de hacerlos oír el evangelio como lo hizo el carcelero de Filipos.
   (c) Nuestra intención de enseñarles que son perdidos y que deben arrepentirse y recibir a Cristo como su Salvador.

3. ¿Qué enseña la Biblia acerca de los niños?
   (a) Hasta la edad de la decisión están incluidos en la redención. Por el estudio de Mateo 19:13-15, comparado con Marcos 10:13-16 y Lucas 18:15-17, vemos que fueron niñitos recién nacidos que Jesús tomó en Sus brazos y los bendijo, diciendo que de ellos es el reino de los cielos. Deuteronomio 1:39.
   (b) Después de la edad de la decisión son responsables personalmente. Por el estudio de Mateo 18:1-6 y Marcos 9:36 vemos que el niño citado podía pararse y también fue tomado en los brazos y podía creer en

Jesús.

4. Pedimos la bendición sobre ellos. Mateo 19:13, 14.

5. Samuel fue presentado al Señor. I Samuel 1:25-27.

6. Jesús fue presentado. Lucas 2:22.

7. La Biblia no habla sobre el limbo.

8. Uno de los padres por lo menos debe haber sido bautizado y estar en comunión con la iglesia.

CLASE 14

ALGUNAS RAZONES POR LAS CUALES NO BAUTIZAMOS A LOS NIÑOS

1. La Biblia no lo enseña.

2. No hay un ejemplo del bautismo de niños en la Biblia.

3. Se dice que el bautismo toma el lugar de la circuncisión. ¿Quién lo dijo? No lo dice la Biblia ni los apóstoles. Los judíos convertidos al evangelio continuaron circuncidando a sus hijos, pero no los bautizaron. La circuncisión en el evangelio es "en echar de vosotros el cuerpo pecaminoso carnal" Colosenses 2:11; Hechos 16:3.

4. Se dice que familias fueron bautizadas y sin duda entre ellas hubo niños. Hay tres casos en los Hechos: la casa de Cornelio, la de Lidia y la del carcelero. En el caso de Cornelio y del carcelero dice claramente que creyeron. Cuan-

do la iglesia romana trata de probar suposiciones bíblicas de esta manera, la condenamos. ¿Por tanto debemos nosotros probar suposiciones?

5. El bautismo demanda la fe de aceptación del bautizado.

6. Por el bautismo se hace uno miembro de la iglesia local.

CLASE 15
DOCTRINA

1. La Biblia:

Es la revelación divina dada por Dios a los hombres por medio de siervos inspirados por el Espíritu Santo de tal manera que no erraron en la primera transmisión de ella. Tenemos el Espíritu Santo para iluminarnos en su estudio y para interpretarla correctamente. La Biblia es la última autoridad entre Dios y los hombres. II Timoteo 3:15, 16; II Pedro 1:20, 21; I Juan 2:27.

2. Dios:

Hay un Dios personal, el Dios vivo y verdadero, manifestado en el Padre, el Hijo y el Espíritu Santo. "Dios es Espíritu infinito, eterno e inmutable en Su ser, sabiduría, poder, santidad, justicia, bondad y verdad" Catecismo Menor. Deuteronomio 6:4; Juan 10:30; II Corintios 13:13; Mateo 28:19. Dios es el Creador de todo lo que existe, inclusive del hombre. Génesis 1:1, 21, 26, 27; 2:7. Es el Padre de hijos. Todos los renacidos por la fe en la obra redentora de Jesús son hijos de Dios. Romanos 8:14-17; Efesios 4:6; Mateo 6:8, 9.

3. El Señor Jesucristo:

Es el Hijo eterno de Dios, quien se humilló a sí mismo, despojándose de Su gloria eterna, haciéndose hombre, y así él es y permanece para siempre Dios-hombre, dos naturalezas distintas en una sola persona. Mateo 16:16.

Es el Hijo del hombre, nacido de María, con un cuerpo humano igual al nuestro; pero nunca pecó. Lucas 1:30-35; Hebreos 4:15; 2:14.

En el Calvario fue hecho pecado, llevando así los pecados de la humanidad. II Corintios 5:21; I Pedro 2:24; Romanos 8:32. Por eso es el único Mediador entre Dios y los hombres. I Timoteo 2:5, 6. Dios, el Juez Justo, le castigó en lugar nuestro, viniendo a ser nuestro sustituto. Isaías 52:4, 5.

Resucitó al tercer día y después ascendió al trono de Dios, Su Padre, siendo revestido de Su eterna gloria. Mateo 28:5, 6; Filipenses 2:6-9.

Derramó Su sangre que limpia de todo pecado. I Juan 1:7; Hebreos 9:14.

Ha de venir a juzgar a los vivos y a los muertos. Hechos 1:10, 11; Juan 5:28, 29.

El pecador es salvo por medio del arrepentimiento y por el hecho de recibir por la fe a Jesús como su Salvador personal. Mateo 4:17; Juan 1:12, 13; 3:16-18.

4. El Espíritu Santo:

El es la tercera persona de la Trinidad; es El que actúa en el mundo, igual en poder y en gloria con el Padre y con el Hijo, y debe ser amado, obedecido y adorado. Juan 14:26; Hechos 1:8.

El redargüye (convence) de pecado, de justicia y de juicio. El aplica la obra redentora de Jesús y Su sangre al pecador arrepentido. Por medio de Su entrada en el corazón el pecador es salvo y hecho hijo de Dios. Juan 16:7-10; Romanos 8:9, 14; Juan 3:6.

El es el Consolador y habita en el creyente para guiarlo, enseñarlo, disciplinarlo y darle poder para vencer el pecado, a Satanás, al mundo, a la tentación y a la carne, y vivir en santidad. Juan 14:16, 17, 26; 15:26; 16:13; Gálatas 5:22, 23.

El reparte Sus dones a los creyentes como quiere. I Corintios 12:7-11; Romanos 12:6-8.

5. El Hombre:

El hombre fue hecho a la imagen de Dios, espíritu, alma, mente, conciencia, cuerpo, libre albedrío y voluntad; y por eso es un ser personal. Génesis 1:26, 27.

El espíritu (corazón) es la persona, es el ser y es la vida que vino de Dios. Génesis 2:7; I Corintios 2:11; Hebreos 12:9.

El alma es la manifestación del espíritu en el cuerpo, la sede de las emociones.

La mente (entendimiento) es el lugar donde pensamos, razonamos, y donde llegamos a conclusiones. Romanos 12:2; Efesios 4:23; Lucas 10:27; Romanos 14:5.

La conciencia es donde el Espíritu Santo o el espíritu de error puede hablarnos con insistencia. Tito 1:15; I Timoteo 1:19; 4:2; Romanos 2:15; Hebreos 9:14.

El cuerpo es la parte material que contiene los cinco sentidos y el sexo. Génesis 2:7; Romanos 8:11; 12:1; I Corintios 6:13, 15, 19: Santiago 2:26.

La voluntad y el libre albedrío es el derecho que Dios ha dado al hombre para dirigir su propia vida. Después de haber pensado y llegado a algunas conclusiones en la mente, es la voluntad que dice sí o no, haré esto, iré o no iré. Mateo 6:10; I Corintios 7:37; 16:12; Efesios 2:3.

Por su desobediencia y rebelión el hombre cayó en pecado y llegó a estar muerto en pecados, siervo de pecado, hijo de desobediencia e hijo de la ira. Todo lo que es (lo arriba dicho) ha llegado a ser esclavizado al pecado. Efesios 2:1-3; 4:17-19.

El castigo del Dios Justo cayó sobre el hombre, el cual consiste en la muerte espiritual, la perdición, la separación de Dios, la muerte física y finalmente el infierno y el lago de fuego. Génesis 2:17; 3:1-24; Romanos 1:18, 32; 3:19; 6:23; I Corintios 9, 10; Apocalipsis 20:11-15.

El hombre, renacido por haber recibido a Jesús como su Salvador personal, es una nueva criatura; está unido con Jesús en Su muerte, sepultura, resurrección y ascensión y está sentado con Jesús a la diestra de Dios en el trono del universo.

Ha sido sacado de Adán y puesto en Cristo, quitado del reino de las tinieblas y puesto en el reino de Cristo, sacado del cuerpo de pecado y puesto en el cuerpo de Cristo. Es una nueva criatura, tiene la naturaleza de Cristo, librada del espíritu de error y posesionada del Espíritu Santo. Tiene que entregar este nuevo ser, juntamente con todos sus miembros, a Jesús y ser lleno del

Espíritu Santo. Por el poder del Espíritu Santo en él, por haberle entregado totalmente a Cristo su voluntad, espíritu, alma, mente y cuerpo, debe vivir lo que es, una nueva criatura, y dejar de vivir lo que era, a saber, muerto en pecados. Juan 3:1-7; II Corintios 5:17; Romanos 6:3-7; Colosenses 3:1-3; I Corintios 15:22; Colosenses 1:13; Romanos 6:13; 8:2, 9, 11; Efesios 5:18.

6. La Iglesia:

Es el cuerpo de Jesucristo, el propósito eterno de Dios. Es la conglomeración de todos los redimidos en la sangre de Jesucristo a través de todas las edades que se han arrepentido de sus pecados y han recibido a Jesucristo como su Salvador personal. Juan 10:16; Efesios 1:7, 10, 22, 23; 4:4; Hechos 2:47.

El propósito de la Iglesia es triple: hacer conocer el misterio de Dios a todo hombre; predicar el evangelio a toda criatura, Efesios 3:9; Mateo 28:19, 20; Hechos 1:8; hacer conocer a principados y potestades en lugares celestiales la múltiple sabiduría de Dios, Efesios 3:10. La Iglesia también manifiesta la plenitud de Cristo. Efesios 3:17-19.

CLASE 16

ALGUNAS PREGUNTAS PARA LOS CATECUMENOS

1. ¿Por qué quiere ser bautizado?

2. ¿Qué le hará el bautismo?

3. ¿Qué es el bautismo?

4. ¿Hay valor espiritual en el bautismo?

5. ¿Puede uno salvarse sin el bautismo?

6. ¿Deben ser bautizados los niños?

7. ¿Hay ejemplos de bautismo de niños en el Nuevo Testamento?

8. ¿Cuándo debe ser uno bautizado?

9. ¿Por qué cree usted en la inmersión?

10. ¿Puede uno pecar después de ser bautizado?

11. ¿Qué debemos hacer si pecamos?

12. ¿Qué debemos hacer para no pecar?

13. ¿Ha dejado usted los teatros, las fiestas, el cine y el baile?

14. ¿Ha destruido usted los ídolos, cuadros, etc.?

15. ¿Ha dejado el colorete, etc.?

16. ¿Ha dejado el trago, la chicha, la cerveza, el tabaco y las drogas narcóticas, etc.?

17. ¿Promete usted si le es posible asistir a los cultos de la iglesia?

18. ¿Promete tener el culto familiar?

19. ¿Promete leer la Biblia y orar diariamente?

20. ¿Promete dar por lo menos el diezmo a la iglesia?

21. ¿Promete instruir a sus hijos en el evangelio?

22. ¿Promete con la ayuda de Dios serle fiel

CLASES PARA CATECUMENOS

hasta la muerte?

23. ¿Qué se debe hacer los domingos?
24. ¿Compra usted lotería, 5 y 6, o apuesta plata?
25. ¿Qué significa la Santa Cena?
26. ¿Pecó la virgen María?
27. Se debe hacer algunas preguntas sobre Dios, Jesús, el Espíritu Santo, los ángeles, etc.

Capítulo 6

Consejos para Obreros

ENSEÑANZA PRACTICA

CONSEJOS VARIOS

1. El obrero debe ser pacificador, Mateo 5:9, y por lo tanto cuidar de no hacer divisiones. Las preferencias traen como consecuencias las divisiones.

2. Dios es justo, y el obrero debe hacerlo todo con perfecta justicia.

3. Cuando se levanten dificultades entre los miembros, pueden seguirse más o menos estas normas.
   (a) Escuchar cada queja, dificultad o crítica en privado para así tener todos los puntos de vista de los pleitistas antes de reunirlos a todos.
   (b) Usted no debe contar a otros lo que le dicen en privado. Aprenda a sellarse los labios. Hay veces cuando ni aun a su propia esposa puede contar lo que le han dicho.
   (c) Si la persona no está lista a sostener sus acusaciones delante de la persona a quien acusa, usted no debe atenderla más ni seguir adelante el asunto.
   (d) Cuando haya reunido a los del disgusto, principie con un tiempo de oración. La oración ablanda los corazones.

- (e) Hay que tener bien en cuenta que casi siempre hay culpa de parte y parte.
- (f) Es fácil arreglar las cosas cuando ambos están listos a ver sus culpas, reconocerlas y pedirse perdón el uno al otro. I Juan 1:5-10.
- (g) Cuando haya dificultades entre varios, usted debe enterarse de éstas antes de adelantar nada.

4. Usted no debe luchar a favor de un obrero o miembro, sino tomar su lugar al lado del Espíritu Santo; y El que es Justo, Santo y Verdadero, lo guiará a la verdad.

Tampoco debe inclinarse carnalmente hacia ninguno, aun cuando éste sea su mejor amigo y el miembro más espiritual de su iglesia.

5. Si es posible, se deben hacer arreglos sin tener que cambiar los obreros de un lugar a otro; pero hay veces en que un obrero (diácono, anciano, pastor) daña su testimonio de tal manera que pierde su autoridad. El insistir en que éste quede en un lugar podría traer división.

6. No se apresure por llegar a una conclusión. Si hay diversidad de opiniones, espere hasta que haya unanimidad.

7. Usted delante de la crítica.

Cuando alguien le critique, no debe ponerse disgustado con la persona que lo critica, sino preguntarse a sí mismo si ella tiene razón y buscar en oración la verdad del asunto. Si descubre que tiene razón, debe entonces buscar el remedio para su mal. Si no la tiene, no guarde rencor en su corazón contra esa persona.

8. Debe cuidarse de no meterse en cosas ajenas, ni en chismografías, ni en andar arreglando matrimonios. Debe tener mucho cuidado de no hacer divisiones en los hogares, por causa de amistades indebidas con el esposo, la esposa o los hijos.

Los pastores están en la obligación de hacer que sus hijos sean un ejemplo en la iglesia.

9. El pastor debe estar advertido o estar sobre aviso:
    (a) Cuando solamente las señoras y las señoritas lo buscan para que las aconseje.
    Cuando solamente los señores o los jóvenes lo buscan para que los aconseje.
    (b) Cuando los hombres en su mayoría no lo quieren.
    Cuando las señoras o señoritas en su mayoría no lo quieren.
    Usted es el culpable y no ellos. Busque el por qué de esto, y pronto lo hallará. No tenga temor de buscar el consejo de las personas espirituales con experiencia en el evangelio.

10. Usted debe tenerle mucho temor a la envidia.

Esta la siento cuando alguien prospera más que yo; cuando otro es preferido a mí; cuando se le da a otro el puesto que yo ambicionaba; cuando se olvidan de alabarme por alabar a otros; cuando sufro y nadie se da cuenta de mis sufrimientos; cuando otros reciben mejor sueldo y mayores garantías que yo; cuando hay raíz de amargura, etc. Hebreos 12:15; Números 12:1-15.

El continuar en esta actitud de envidia me traerá disgustos, resentimientos, odios. El remedio es arrancar las raíces de este pecado.

11. La humildad.

¿Pide usted humildad? ¿Esta petición es hecha en una verdadera agonía y con lágrimas abundantes? ¿Piensa usted que Dios va a empacar la humildad en un papel fino y arrojársela desde los cielos para que llene su corazón? En ninguna manera. La humildad solamente le vendrá cuando yendo hasta su hermano contra quien ha sentido envidia se lo confiese francamente diciéndole los motivos que la han causado. Luego, de rodillas, pedirán a Dios en una oración sincera que les renueve en amistad.

12. El orgullo.

Por causa del orgullo el Querubín Cubridor cayó y por no haberse arrepentido para siempre se perdió. Adán y Eva cayeron por el mismo pecado. Hay diferentes clases de orgullo: de raza, de conocimientos, de talentos, de dones, de puestos, de posición social. También hay orgullo de orar mucho, de predicar bien, de saber enseñar mejor, de tener buen genio, de haber sufrido una transformación, de ser muy humilde, de ser filantrópico, etc. Favor fijarse en I Corintios 13:1-3.

13. Su actitud.

La actitud que usted debe asumir es una de fe sobre todas las circunstancias de su vida, utilizándolas para su propio bien y tratando de ganar cuantas personas pueda para Cristo. Recuerde que la incredulidad siempre ayuda al diablo. Trate siempre de ver el bien en todos y en todo. Rechace todo pensamiento que no sea bueno, y nunca llegue a una conclusión por lo que sus ojos han visto o sus oídos escuchado.

¿Quién nos dará la victoria sobre todas estas cosas?

14. El obrero trabajando con otros.

Generalmente el joven estudiante trabaja durante sus meses de vacaciones con una iglesia. Hay ciertas normas que uno puede seguir.

El obrero debe buscar la cooperación del pastor o evangelista en la oración, el consejo y la dirección de los cultos. Considere siempre a la persona que tiene la dirección y no trate por sí solo de arreglar cultos especiales con predicadores especiales, despedidas, clausuras, etc., sin el consentimiento de los que tienen la autoridad en el Señor. El pastor o evangelista que tiene puesto de autoridad debe buscar la cooperación de aquellos con quienes trabaja. Si son estudiantes, profesores, maestras, ayudantes, etc., debe hacerles sentir que él está unido con ellos en la obra, invitándoles a la oración y a la comunión, para que ellos a su vez le busquen cuando tengan necesidad de ser aconsejados.

15. Líderes.

En cada grupo o iglesia se encuentran hombres y mujeres que son dirigentes, ya sean jóvenes o adultos. El obrero debe hacerse amigo de ellos y enseñarles de tal manera que lleguen a ser líderes espirituales. Tiene que llevarlos con mucha paciencia y oración hasta que Dios haya hecho una obra grande en sus vidas. Pablo supo conocer a los tales; los enseñó y los nombró como ancianos y diáconos en las iglesias locales.

16. Sociales.

Quiere decir reunirse en un hogar conocido para

un tiempo de recreación. Debe haber un líder, el cual dirigirá los cantos, la conversación y los juegos para que todo sea hecho en orden, limpieza y pureza. La reunión debe terminar entre las 9 y las 10 p.m. Se debe cuidar que las señoritas sean llevadas con esmero a sus casas. Si guardamos nuestras iglesias espirituales y todos los miembros están ocupados en ganar almas para Cristo, que es la recreación más gozosa, nuestros miembros e interesados no perderán muchos sociales. En los paseos debe haber una persona encargada de mantener a todos jugando alegremente sin dar oportunidad a las parejas para apartarse.

Clausuras, navidades, etc. El peligro está en usar el mundo para éstas. Recuerde que el mundo siempre es el mundo aunque trate de introducirse con el vestido del cristiano. Un programa de dos horas, con números que tengan un mensaje cristiano, todos bien preparados, es muy aceptable. Más de dos horas llega a ser fastidioso. Exima a las personas que no sepan sus partes perfectamente. Evite telones, disfraces, escenarios teatrales, mucho cambio de muebles, etc., que hacen bastante ruido y dan al salón forma de teatro o concierto. ¿Qué diría Cristo? es bueno pensar siempre.

17. ¿Qué se debe hacer con los jóvenes que se interesan en el deporte u otros placeres del mundo?

Recuerde que el mundo no conquista para Cristo a jóvenes que están hundiéndose en el mundo. El mundo no salva a los perdidos en el mundo. Busque la amistad de ellos, invítelos a su casa o pieza y trate de interesarlos en las verdades profundas de Cristo. Muéstreles que Jesús satisface todos los anhelos del corazón.

18. ¿Qué se debe hacer con las señoritas que buscan el mundo?

¿Regañarlas? ¿Predicar en contra de ellas? ¿Hablar de ellas con sus amigos? ¿Echarles indirectas en la oración? No, nada de eso. Tiene que buscarlas amistosamente y hacerles ver y entender que es Jesús quien satisface.

19. El obrero y el matrimonio.

El matrimonio es la unión de dos personas hecha por el Señor. Si el Señor no las une, el matrimonio será un fracaso.

Eva fue una compañera idónea para Adán. Ella tuvo la capacidad de ayudarle en todo. El joven debe buscar en el Señor esta mujer idónea y no casarse hasta que la halle. Hay ciertas normas que el joven puede seguir, tales como:

La edad. Generalmente es mejor buscar la idónea que tenga más o menos la misma edad y que no haya más de cinco años de diferencia.

La ideología. Ambos deben tener las mismas ideas sobre sus creencias religiosas o evangélicas, sus ideas sobre ética, sus pensamientos sobre la moralidad y urbanidad. Debe haber un acuerdo en relación con los lugares en donde están listos a trabajar, sea en el campo o en la ciudad, clima, sueldo, etc.

Los hijos. El matrimonio trae hijos. Si el esposo es de edad avanzada y la esposa muy joven, ella le dará hasta siete o más hijos. ¿Podrá él luchar y sostenerlos cuando tenga tantos años? Debe haber un acuerdo en relación con su educación, su disciplina, el número de ellos, etc.

Si el joven piensa en las normas arriba dichas, él sabrá donde buscar su pareja, y confiando en el Señor la hallará.

EL USO DE LA BIBLIA

1. Haga que todos los creyentes aprendan los nombres de los libros de la Biblia en orden.

2. Cuando los creyentes aprendan versículos de la Biblia, enséñeles que aprendan también la cita, y que aprendan versículos que tengan enseñanza doctrinal.

3. También debe enseñarles como pueden encontrar los libros rápidamente sin índice.
   (a) Los Salmos están en la mitad del libro.
   (b) I de Samuel está en la primera cuarta parte del libro.
   (c) Mateo está en la tercera cuarta parte del libro.

4. (a) Enseñar la manera de leer toda la Biblia en un año. Un capítulo cada día y siete capítulos cada domingo.
   (b) Enseñar la manera de estudiar los libros y especialmente las epístolas. Aprender el contenido de los libros.
   (c) Enseñar la manera de estudiar temas.

5. Enseñar la manera de usar las referencias de la Biblia.

6. Enseñar la manera de usar una concordancia y un diccionario bíblico y la utilidad de tenerlos para el estudio.

7. Enseñar la manera de hablar en público.
   (a) Empezar haciendo preguntas a las personas; el tener que contestarlas les dará con-

fianza.
- (b) Dé temas para el estudio para el próximo culto.
- (c) La manera de aprender a hablar es hablando.

8. La costumbre de dar regalos para que personas vengan a los cultos o aprendan versículos, etc. es mala porque cultiva un espíritu de hacer algo para recibir en lugar del espíritu de dar por el puro gozo de dar.

9. Se debe de enseñar que la vida cristiana pertenece al Señor y que cada puesto en la vida puede ser espiritual.
   - (a) La mujer en el hogar puede hacer su trabajo de una manera espiritual.
   - (b) El hombre en su finca o en el taller, etc. puede hacerlo de una manera espiritual.
   - (c) El joven y el niño en su puesto pueden hacerlo espiritualmente.

Si comemos o bebemos, hagámoslo para el Señor, dice Pablo.

10. La fuerza móvil de todo creyente debe ser el Espíritu Santo. El alimento espiritual del creyente es nuestro Señor hallado en la oración, comunión y meditación en la Palabra. El motivo que nos impulsa es la gloria de Dios.

11. Enseñar el por qué de tener distintas versiones en Español de la Biblia, y el valor que hay en estudiarlas todas.
    - (a) Versiones protestantes, todas cotejadas con diversas traducciones y revisadas con arreglo a los originales manuscritos en Hebreo y Griego.
        - (1) Antigua versión de Casiodoro de Reina (1569), revisada por Cipriano de Valera (1602), otras revisiones:

1862, 1909 y 1960.
- (2) Versión Moderna.
- (3) Versión Hispano-Americana del Nuevo Testamento.

(b) Versiones católico-romanas.
- (1) Versión de Torres Amat traducida de la Vulgata.
- (2) Versiones nuevas sobre los textos hebreos y griego, por J.M. Bover y F. Cantera, y Nácar-Colunga.

12. Enseñar a leer antifonalmente, cantar unidos, aprendiendo a entender lo que se lee y a cantar las palabras y no solamente el tono del himno.

Tarea: Saber de memoria todos los libros de la Biblia.

EVANGELIZACION

1. El obrero solamente puede levantar a los creyentes a su estado normal de espiritualidad.

2. El obrero, aunque sea joven, será escuchado y respetado siempre y cuando respalde sus enseñanzas con su testimonio. I Timoteo 4:11-16.

3. Si el obrero quiere que los creyentes repartan tratados, él tiene que repartirlos primero; si desea que oren, él tiene que dar ejemplo orando, etc.

4. Cuando esté visitando, siempre debe tomar la oportunidad de leer, orar y hablar de las cosas del evangelio. Tenga cuidado de no usar las visitas para hablar de política, etc.

5. Las visitas y su importancia.

- (a) A los enfermos y a los de salud quebrantada.
- (b) A los ancianos, huérfanos y viudas.
- (c) A los que se han ausentado de los cultos.
- (d) A los simpatizadores.
- (e) A los amigos de los creyentes.

Advertencias.
- (a) No tenga ninguna preferencia.
- (b) Tenga cuidado en las casas donde hay solamente señoras o señoritas. (O señores).
- (c) Visite cuando los señores estén en casa (o varias señoras o señoritas); nunca cuando haya una señora o señorita sola.

6. Evangelismo personal. Estudie bien la manera como Jesús trató las almas.
   - (a) A Nicodemo, el hombre religioso y moral. Juan 3.
   - (b) A la Samaritana, una pecadora. Juan 4.
   - (c) Al noble rico que le adoró. Lucas 18: 18-23.
   - (d) Otros tantos casos. Así de Jesús, el mejor obrero personal, podemos aprender a tratar a todas las personas que vamos a encontrar en la vida.

7. El obrero debe evitar el mezclarse en la política. Debe votar y enseñar a todos que guarden las leyes del país.

8. Cuando el obrero hospeda por algún tiempo en las casas de los creyentes.
   - (a) Al salirse debe dejar su pieza bien arreglada.
   - (b) En ciertas cosas sencillas debe ayudar a la familia. Esto debe hacerse con moderación.
   - (c) Debe ser puntual en sus citas con todos, en las horas de los cultos, en sus días de visitas o cuando tenga que traer alguna

bestia, etc.

- (d) Si la visita es eventual, debe anunciarla por carta o de alguna otra manera. Si la visita es donde personas poco conocidas, debe pedir alojamiento de antemano y no llegar inesperadamente.
- (e) Nunca debe olvidar dar las gracias al partir del lugar donde se ha hospedado. Durante su permanencia en algún hogar si tiene que salir, debe anunciar esto, advirtiendo al mismo tiempo la hora de su regreso.

9. Puede hacer cultos a domicilio y exhortar a los creyentes para que le acompañen.

10. No lleve amigos a las casas donde usted se hospeda sin haber pedido permiso de antemano al dueño.

11. No hable nunca mal de las personas que le han hecho bien aun cuando sea verdad lo que usted dice.

12. No cuente a otros obreros las faltas de una congregación donde usted ha trabajado. El hacer esto es infundirles desconfianza. Cuente más bien sus propias faltas y como Dios le ha ayudado a corregirlas.

13. No desee un puesto que no es suyo, ni actuar como si fuese dueño de ese puesto que no le ha sido dado.

14. No sea exigente ni en comida, ni en arreglo de ropa, etc.

15. La señorita debe llevar una niña o niño o dama en sus visitas en el campo.

16. No sea mandón. Mejor pedir favores que

mandar. No mande los hijos de los creyentes sin pedir permiso de los padres.

Tarea: ¿Qué otros métodos podrían ser usados?

SOBRE LA ORACION

1. El obrero es un ejemplo vivo a los de su grey. Sus ovejas moldearán sus vidas por la suya.
   (a) El debe tener un determinado tiempo para la oración y enseñar a otros a que lo tengan. Mateo 6:5, 6.
   (b) El debe orar con su familia a un determinado tiempo.
   (c) El debe dar gracias en las comidas. Hechos 27:35; I Timoteo 4:5.

2. Los creyentes deben aprender a disciplinarse en la oración y fijarse en lo que piden los demás para así poder acompañarlos en fe y en sus peticiones. De esta manera la iglesia ora en conjunto perfectamente.

3. Oración en las visitas.
   (a) En las visitas a domicilio debe orar con los creyentes.
   (b) Si está visitando una casa por algunos días, debe orar con la familia.
   (c) Si está en la misma pieza con otros, la oración en privado será un ejemplo.

PABLO Y SU ENSEÑANZA

Pablo podía quedarse en un lugar durante unos tres a seis meses y al salir dejar a los creyentes bien adoctrinados. Hoy en día muchos pastores no dejan bien instruidos a sus feligreses después de veinte años de pastorado. Muchas de las congregaciones donde ministraba Pablo eran gentiles convertidos de un paganismo pecaminoso.

¿Cuál era su secreto?

1. Enseñó las verdades fundamentales del evangelio. Hechos 24:25.

2. Sus cartas son ejemplos de la manera como enseñó a los convertidos. En sus visitas si tenía que estar un solo día en el lugar, duraba horas enseñando. Hechos 20:7.

3. El enseñó las verdades más profundas a creyentes recién nacidos. Escribió Romanos y Colosenses a iglesias que aún no había visitado. Se quejó de los corintios y de los hebreos por ser todavía niños carnales. I Corintios 3:1; Hebreos 5:13, 14. Hoy dicen algunos que los recién convertidos no pueden recibir enseñanza profunda. Los resultados son creyentes superficiales.

4. Pablo nunca discutió verdades aparentemente opuestas, sino que las enseñó como parte de la revelación divina. (Calvinismo y Armenianismo). Cuando los creyentes estaban volviendo al pecado y a la circuncisión, les enseñó que estaban en el camino de la perdición y separados de Cristo. El pensaba en el estado presente del creyente y le aplicó la verdad correspondiente.

5. El enseñó que cada persona tiene el Espíritu Santo y que cada uno puede conocer Su iluminación, que este Espíritu enseña a todos y que la instrucción en la Palabra no era por medio de la educación y la filosofía humanas.

Instrucción Fundamental. Hechos 20:26, 27.

1. Que la humanidad está perdida, lejos de Dios, sin esperanza y sin Dios en el mundo. Roma-

nos 1 a 3; Efesios 2:1-3. Todos los profetas, Jesús y todos los apóstoles hicieron hincapié sobre esta verdad. Isaías 1:4-18.

2. Que la justificación es por fe en la redención hecha por Jesucristo, por medio del arrepentimiento y la conversión. Romanos 4 y 5; Efesios 2:4-22.

3. La santificación en todos sus aspectos.
   (a) Que es completa y final, recibida en Cristo por la regeneración.
   (b) Que se lleva a cabo en nuestras vidas por el Espíritu Santo hasta que lleguemos a la imagen de Cristo.
   (c) La consagración. La necesidad de la entrega completa del creyente a Cristo de su vida y miembros día tras día en cada circunstancia de la vida y una cooperación voluntaria con Cristo y el Espíritu Santo para andar en el Espíritu.

4. La Iglesia, la nueva creación de Dios, bajo las figuras de:
   (a) Un cuerpo.
   (b) Un edificio.

5. El Espíritu Santo y Su obra.
   (a) En el mundo. Juan 16:8-11. Trabajando para convencer a los perdidos de su pecado.
   (b) En la Iglesia. Juan 15. Manifestándose en la Iglesia para la evangelización del mundo.
   (c) En el creyente. Juan 14; I Corintios 12, 13 y 14. Dando los dones y capacitando a los creyentes para la obra de Dios.

6. La segunda venida de Cristo.

7. El estado final de los malos y el de los creyen-

tes en Jesús.

Tarea: Si usted espera practicar este método de Pablo, ¿qué necesita?

COSECHA

Los cristianos han sido enviados no tanto a sembrar como a cosechar.

1. El sembrador. Jesús es el sembrador que siembra la palabra en los corazones de la gente. Mateo 13:3-37.

Cada alma que viene a este mundo tiene algo sembrado en el corazón. Juan 1:9. Es fácil que la ley moral haya sido incrustada en el corazón humano, pero ha sido casi borrada por el pecado. Yo puedo predicar y esparcir la Palabra; pero es Jesús, quien la siembra en los corazones de los pecadores.

2. Dios es el labrador, que da el crecimiento a la semilla sembrada. Juan 15:1, 2; I Corintios 3:7, 9.

3. El Espíritu Santo es el convencedor, que hace que el pecador crea la Palabra y se arrepienta. Juan 16:8, 11.

4. El creyente evangélico es el segador.
    (a) Jesús siempre buscó una cosecha inmediata y la segó vez tras vez. Nicodemos, la samaritana y Zaqueo.
    (b) Jesús enseñó que se debe esperar una cosecha inmediata.
        (1) Juan 4:35-39. "¿No decís vosotros: Aún faltan cuatro meses . . .? Mirad los campos, porque ya están blancos para la siega".

CONSEJOS PARA OBREROS 185

      (2) Lucas 10:2. "Rogad al Señor de la mies que envíe obreros a su mies".
      (3) Lucas 14:16-24. "Vé por los caminos y por los vallados, fuérzalos a entrar".
      (4) Mateo 4:19. "Os haré pescadores de hombres". El pescador sale para coger peces.
  (c) En el día de Pentecostés y después, los discípulos salieron a segar.
      (1) Pedro en el día de Pentecostés. 3.000 almas.
      (2) Felipe en Samaria.
      (3) Pablo dondequiera que fue.

5. El obrero es plantador.
  (a) El obrero congrega las almas en grupos o las planta en iglesias locales. I Corintios 3:3-8; Mateo 13:47, 48.
  (b) En estas almas congregadas él siembra la Palabra y espera una cosecha espiritual. I Corintios 9:11. Creyentes fuertes, firmes y espirituales.
  (c) Cada obrero y creyente cosecha lo que ha sembrado en su propia vida. Gálatas 6:7,8.

6. El obrero también es sembrador.
  (a) Mientras que anda cosechando, también está sembrando. Hechos 13:49.
  (b) Siembra con la esperanza de cosechar luego. Salmos 126:5, 6; Eclesiastés 11:1, 4-6.

Tarea: Si no estamos cosechando almas, ¿cuáles son las razones?

AVIVAMIENTO HECHOS 2:17-21

1. Los postreros días. I Juan 2:18; I Timoteo 4:1-3; II Timoteo 3:1-9; Hechos 2:17-21; Hebreos 1:1, 2.

Estos postreros días principiaron en el día de Pentecostés, Hechos 2:16; y terminarán con el día grande y manifiesto, la venida del Señor. Hechos 2:20.

Durante los postreros días habrá derramamiento del Espíritu Santo. Es de notar que este derramiento no es de una sola vez, sino algo que continuará durante estos postreros días.
  (a) Sobre toda carne. Hechos 2:17.
  (b) Sobre los siervos y siervas del Señor. La Iglesia. Hechos 2:18.

2. El resultado de este derramamiento será:
  (a) En la Iglesia. Hechos 2:17, 18.
    (1) Los hijos e hijas profetizarán. Los siervos y siervas profetizarán.
    (2) Los mancebos verán visiones.
    (3) Los viejos soñarán sueños.
  (b) En el universo. Hechos 2:19, 20.
    (1) Prodigios arriba en el cielo; el sol se volverá en tinieblas y la luna en sangre.
    (2) Señales abajo en la tierra, sangre y fuego, vapor de humo.
  (c) En las gentes.
    (1) El derramamiento sobre toda carne. 2:17.
    (2) Será salvo todo aquel que invocare el nombre del Señor. Hechos 2:21.

3. La Iglesia apostólica vivió en este poder.
  (a) Pedro testifica y dice en Hechos 2:38, 39, que esto que había ocurrido era para:
    (1) Vosotros que me escuchais. Primera generación.
    (2) Para vuestros hijos. Segunda generación.
    (3) Para todos los que están lejos. Personas en todo el mundo.

- (b) Cuando la iglesia estaba reunida alabando a Dios, vino otro derramamiento. Hechos 4:24-31. Se cumplió Joel 2:28. Después de esto, 2:15-17.
- (c) Samaria tuvo otro derramamiento. Hechos 8:17.
- (d) Los gentiles en la casa de Cornelio recibieron su derramamiento. Hechos 10:44-46.
- (e) Este derramamiento seguía a Pablo por todas partes. Corinto, Hechos 18; Efeso, Hechos 19.

Desde Pentecostés hasta hoy ha habido derramamientos en muchos pueblos y naciones.
- (a) La reforma y el tiempo que siguió.
- (b) El avivamiento de los Moravos.
- (c) El avivamiento de Juan Wesley.
- (d) El avivamiento de Gales.
- (e) Los avivamientos en Corea, China, Africa, los Estados Unidos y otras partes.

5. ¿Podemos tener avivamiento en Colombia hoy?
- (a) Sí. Tenemos la Promesa. Necesitamos la fe y paciencia para heredarla. Hebreos 6:12.
- (b) Con la paciencia y la insistencia.
- (c) Pagar el precio de avivamiento. II Crónicas 7:14.

Tarea: ¿Por qué no tiene la Iglesia este derramamiento continuo hoy?

LA MAYORDOMIA

El obrero nunca debe pedir dinero para sí. El debe enseñar a las iglesias sus responsabilidades y lo que es la gracia de dar. La iglesia que reconoce delante de Dios su deber dará al obrero adecuadamente.

Muchos obreros han dañado su testimonio con el mucho pedir y con las demandas exigentes a iglesias pequeñas y pobres.

1. El obrero y su trabajo. Hay dos clases de obrero.
    (a) El que trabaja para el Señor y el salario. Mateo 20:1, 2, 10-16; I Corintios 9:1-11, 13, 14. Para este obrero hay muchos peligros de los cuales sobresalen dos:
        (1) Que sea guiado en la voluntad de Dios por el tamaño del sueldo o el ir donde le paguen mejor.
        (2) Que no esté satisfecho con lo que gana, porque este dinero nunca le alcanza.
    (b) El que trabaja para el Señor por puro amor; recibe con gusto lo que le dan. Vive y trabaja por la fe. Mateo 20:3-8; I Corintios 9:12-15. El siempre está satisfecho.
    (c) También hay obreros que trabajan en la obra parte de su tiempo y parte en cualquier otro trabajo. II Tesalonicenses 3:8,9.
    (d) Hay los que se sostienen a sí mismos y dedican cierto tiempo determinado a la obra del Señor.

2. La congregación y su deber.
    (a) Sostener a sus obreros. Gálatas 6:5, 6; I Timoteo 5:17, 18; Romanos 15:27; Tito 3:13, 14.
    (b) ¿Cómo?
        (1) Aceptar este deber como una obligación del Señor. I Corintios 9:7-14.
        (2) Reconocer este deber como una gracia. II Corintios 9:8. Gracia es la inmerecida misericordia de Dios.
        (3) Tiene que hacer la resolución de dar un tanto. II Corintios 9:7. Esta resolución debe ser gobernada por alguna

norma.
- a. Con alegría, no con tristeza. II Corintios 9:7.
- b. Como uno siembra, esperando abundancia por haber dado abundantemente. II Corintios 9:6.
- c. Tomando el Antiguo Testamento como guía. Romanos 15:4. Diezmos, ofrendas, primicias.

3. El obrero y la congregación.

Cuando ambos cumplan sus deberes para con el Señor y no para con los hombres, con gozo y alegría, no habrá ninguna dificultad y habrá mucha bendición.

Tarea: ¿Cuál es el camino perfecto en cuanto a esta lección?

Capítulo 7

Estudios para Obreros Personales

Cada iglesia local debe preparar sus obreros personales y tenerlos siempre listos. Cuando el predicador haga el llamamiento en los cultos, sean éstos especiales o los de costumbre, para que pasen adelante los que desean recibir a Cristo y la salvación en El, los obreros personales deben estar listos para colocarse al lado del que por primera vez demuestra su deseo de recibir a Cristo por medio del arrepentimiento y la fe. Si es una señora la que sale, debe ponerse a su lado una señora; si es señor, debe ser un señor, y si es joven, entonces un joven. Al terminar el culto el obrero debe llevar al que recibió públicamente a Cristo aparte e instruirle en el primer paso. Al despedirse de él, debe tomar su dirección con el fin de hacerle visitas en las cuales podrá instruirle de acuerdo con las lecciones que damos a continuación. No es por demás en el principio ir a su casa y traerle a los primeros cultos.

CURSILLO SOBRE CONSEJEROS

Introducción. Es necesario que cada iglesia tenga entre sus miembros a personas capacitadas espiritualmente para aconsejar a aquellos que durante un servicio o en otra forma expresen el deseo de recibir a Cristo como su Salvador. Esto es importante, porque si los recién convertidos no tienen una base firme para su fe, muy fácilmente el diablo podrá hacerlos desviar.

1. Requisitos para ser un buen consejero.
    (a) El consejero debe ser una persona que esté dispuesta a escuchar pacientemente las cargas, penas y dificultades del recién convertido, sin enfadarse.
    (b) Después de escuchar a la persona, el consejero, guiado por el Espíritu Santo, debe determinar exactamente cuál es el problema de la persona.
    (c) Una vez que el consejero sepa cuál es el problema de aquella persona, tratará de darle una solución por medio de la palabra de Dios.

2. Cualidades de un buen consejero.
    Una iglesia debe buscar en los que van a ser consejeros las siguientes cualidades:
    (a) Es de vital importancia que el consejero sea salvo y que esté dando buen testimonio.
    (b) Debe estar completamente seguro de su propia salvación; nadie puede llevar a otro a un lugar donde él mismo no ha ido.
    (c) Debe ser una persona que haya hecho la decisión de consagrarse al Señor en espíritu, alma, cuerpo, mente y voluntad.
    (d) No debe albergar en sí mismo ningún pecado, tales como celos, iras, envidias, contiendas, rencores, etc.
    (e) Debe tener un conocimiento práctico de la Biblia que incluya el poder encontrar rápidamente los diferentes libros de la Biblia y el saber cuántos libros tiene el Antiguo Testamento y el Nuevo Testamento.
    (f) Debe ser una persona que en lo más profundo de su ser sienta dolor y tristeza por aquellos que están sin Cristo y sienta el

deseo vehemente de hacer algo para llevarlos a Cristo.
- (g) El buen consejero es una persona que intercede delante de Dios en oración por aquellos que no son salvos. Es bueno tener una lista de personas por las cuales sentimos el deseo de orar.
- (h) El buen consejero reconoce que es sólo un portavoz de Dios, y que lo que está enseñando no es suyo; y por lo tanto la gloria y la honra pertenecen íntegramente a Dios.
- (i) Debe ser miembro de una iglesia y tener comunión constante con los demás hermanos.
- (j) Es mucho mejor si el consejero tiene un plan definido de trabajo. Un ejemplo de esto sería una persona que se propusiera todos los días entregar una porción de la Palabra de Dios a la primera persona con quien se encontrara y después orar por aquellos que las hubieran recibido.
- (k) El consejero debe tener en su vida espiritual la hora devocional. Esto quiere decir tener diariamente cierto tiempo en el cual estudie la Biblia y busque a Dios en oración.
- (l) El buen consejero es digno de confianza. Por ningún motivo debe hacer partícipes a otros de las confidencias que haya recibido de la persona con quien ha hablado.
- (m) El consejero debe saber exactamente lo que implica una decisión por Cristo. Esto no es un mero cambio en la vida; es una completa revolución de la mente, los sentimientos y la voluntad. Es de suma importancia que el consejero ponga delante de la persona con quien esté hablando esta realidad.

De ahí que:

(1) La mente de la persona debe quedar

satisfecha. Ella debe saber:
- a. ¿Por qué lo hace?
- b. ¿Para qué lo hace?
- c. Los resultados de su decisión.

(2) Si la persona ha entendido el mensaje del evangelio, lo podemos apreciar por las respuestas que dé a algunas preguntas que le hagamos tales como: ¿Reconoce que está perdido? ¿Reconoce que es pecador? Serán sus respuestas afirmativas una señal indicativa de la sinceridad y la profundidad con que ha tocado el mensaje del evangelio su vida.

(3) El recién convertido debe estar dispuesto a someter su voluntad a Cristo Jesús, a sufrir persecución, a testificar a los demás y a dejar toda clase de pecado.

3. La manera de proceder por parte de la iglesia.
   (a) El consejero que va a hablar con la persona debe ser del mismo sexo y en lo posible, aunque no es indispensable, de la misma edad.
   (b) Es bueno que el que hizo la invitación, como vía de introducción, dé unas palabras de felicitación y bienvenida antes de dejar a la persona en manos del consejero.
   (c) El pastor de la iglesia debe ser el supervisor de los consejeros, y debe estar listo a prestarles ayuda cuando sea necesario. Algunas de sus funciones son:
   (1) Distribuir los consejeros.
   (2) El estar pendiente de que haya material suficiente de Evangelios, tratados y folletos de explicación del evangelio.
   (3) Llenar las tarjetas de decisión y verificarlas con las ya existentes para evi-

tar repeticiones.

4. El consejero delante de la persona.
   (a) Debe descubrir con mucho tino los sentimientos de la persona. Por ejemplo, debe saber por qué ella quiere recibir a Cristo. Esto le ayudará a saber la forma de tratarla.
   (b) Es importante lograr que durante la conversación la persona esté tranquila, es decir, no debe estar preocupada por las personas que le estén esperando, o porque piense que le van a demorar demasiado tiempo.
   (c) Una buena manera de inspirar confianza es averiguar el nombre de la persona y usarlo durante la conversación. Se debe tener cuidado de no ser demasiado familiar. No es bueno tutear.
   (d) Debe averiguar la necesidad espiritual de la persona. Desde el momento en que la persona manifestó el deseo de recibir a Cristo, era porque sentía una necesidad espiritual. Para esto es necesario que el consejero sepa correctamente en qué consiste el mensaje del evangelio. El evangelio pone de presente:
      (1) La realidad del pecado.
      (2) La paga del pecado.
      (3) La provisión de Dios para perdonar el pecado.
      (4) La apropiación que el hombre debe hacer de ella.

Tal vez, la persona con quien está hablando no ha entendido alguna de las partes del evangelio. Es posible, aunque no con toda seguridad, que piense que no es tan pecador, o que es tan pecador, que no podrá alcanzar perdón, etc. El consejero puede averiguar estas cosas usando la palabra de Dios como brújula.

A continuación presentamos un bosquejo que consta de cuatro pasos. En cada paso hay cinco versículos que están en su orden de importancia. Generalmente es posible instruir a la persona con quien está hablando con el primer versículo de cada paso. Sin embargo, en algunos casos especiales es necesario usar dos o más versículos. Los cuatro pasos del bosquejo comprenden las cuatro principales partes del mensaje del evangelio.

1. La realidad del pecado.
   (a) Romanos 3:23.
   (b) Isaías 53:6.
   (c) Isaías 64:6.
   (d) Santiago 4:17.
   (e) Juan 3:18.

2. La paga del pecado.
   (a) Romanos 6:23.
   (b) Hebreos 9:27.
   (c) Juan 8:24.
   (d) Romanos 5:12.
   (e) Ezequiel 18:20.

3. La provisión de Dios para perdonar el pecado.
   (a) Romanos 5:8.
   (b) I Pedro 3:18.
   (c) I Corintios 15:3, 4.
   (d) I Pedro 2:24.
   (e) Juan 1:29.

4. La apropiación por parte del hombre.
   (a) Romanos 10:9, 10.
   (b) Apocalipsis 3:20.
   (c) Juan 1:12.
   (d) Juan 3:36.
   (e) Juan 5:24.

Una vez que se haya terminado de instruir a la persona recién nacida en la fe sobre las principales verdades del evangelio es necesario darle algunos consejos y cuidarle de la misma manera como se cuidaría un niño recién nacido. Hay que instruirle en los siguientes puntos:

1. Lectura de la Biblia. Debe indicársele al recién convertido la manera cómo empezar y mostrarle las partes más fáciles, empezando por el Nuevo Testamento.

2. Oración, o sea hablar con Dios.

3. Pedirle perdón a Dios por las caídas.

4. Compartir con otros lo que ha alcanzado.

5. Su asistencia a la iglesia, instruyéndole acerca de los servicios de escuela dominical, de predicación, de estudio bíblico y oración, y de la juventud.

Es muy bueno dar a la persona recién convertida porciones de literatura bíblica, por ejemplo, Evangelios, librito de oraciones para cada día de la semana y otros libros como *Muerte y Vida*.

Por ningún motivo el consejero debe olvidarse de anotar la dirección y el teléfono. Esto deja la puerta abierta para visitas posteriores.

Nota: El material del cursillo anterior es un extracto de lo enseñado por el señor Reynaldo Murazzi en la XIX Convención Nacional de Embajadores Reales de Colombia efectuada en la ciudad de Palmira, Valle, Colombia, en julio de 1962.

ESTUDIOS SOBRE EL SERMON DEL MONTE

Estos estudios están basados sobre el Sermón del Monte, que se halla en los capítulos 5 a 7 del Evangelio de Mateo. En estos tres capítulos hallamos las normas que fueron dadas por Jesús, las cuales, si son puestas en práctica, darán por resultado el desarrollo de una vida santa y viva en el evangelio. Siendo que los estudios están basados sobre el Sermón del Monte, sería bueno obsequiarle uno al recién convertido y pedirle que lo lea con cuidado y atención durante la semana.

Será bueno llevar escrito en cada visita el asunto que va a tratar y dejarlo con el recién nacido para que él pueda estudiarlo durante la semana.

Nota: No debe darle todo el estudio escrito al principio sino un tema cada semana.

PRIMER PASO

La salvación en Cristo Jesús recibida por fe.

1. Jesús es la puerta y el camino que lleva a la vida. Mateo 7:13, 14 del Sermón del Monte.

Pasajes del Evangelio según San Juan.

2. Jesús es la puerta. Juan 10:9.

3. Jesús dio Su vida para salvar. Juan 10:11.

4. Jesús dio Su vida porque Dios amó al perdido. Juan 3:14-16.

5. Por la fe uno recibe a Jesús y es hecho hijo de Dios. Juan 1:12, 13.

6. Este recibimiento es el nuevo nacimiento que es obra del Espíritu Santo. Juan 3:1-7.

7. El que no lo recibe ya es condenado. Juan 3:17-21.

Después de haberle enseñado el primer paso, el obrero lo llevará donde el pastor u otra persona para que le dé su primera palabra de testimonio.

Otros pasajes.

8. Esta salvación es obra de la gracia, la cual se recibe por fe. Efesios 2:8-10.

9. Es una nueva creación hecha por Dios. II Corintios 5:17.

Como el Sermón del Monte es fácil para llevar en el bolsillo o en la cartera, se debe animar al discípulo a llevarlo y aprender algunos de los versículos de memoria.

SEGUNDO PASO

La seguridad de la salvación.

1. Jesús es el fundamento más que seguro. Mateo 7:24-27 del Sermón del Monte.

Otros pasajes.

2. Tener a Jesús es tener la vida eterna. I Juan 5:10-13.

3. Jesús nos guarda en seguridad. Juan 10:26-29.

4. Jesús no nos dejará. Siempre está con nosotros. Romanos 8:35-39.

Será bueno aconsejar a la persona que compre su Biblia y empiece a estudiarla por sí misma. El obrero debe enseñarle las siguientes cosas:

1. La razón de haber dos Testamentos en la Biblia.

2. Que es bueno comenzar a leer por el libro de Mateo.

3. La necesidad de una lectura consecutiva.

4. El beneficio de meditar sobre lo leído y preguntarse a sí misma si está cumpliendo lo que dice el pasaje. Si no, ¿entonces, por qué?

TERCER PASO

La vida robusta depende de su testimonio.

1. El testimonio silencioso de una vida transformada en el hogar, taller, oficina, etc., trabaja como sal. Mateo 5:13 del Sermón del Monte.

2. El testimonio abierto. Palabras respaldadas por buenas obras. Trabaja como la luz. Mateo 5:14-16 del Sermón del Monte.

Otros pasajes.

3. El testimonio es dado a Jesús y confirma nuestra creencia en El. Romanos 10:9, 10.

4. El testimonio que de la victoria sobre Satanás es por la sangre. Apocalipsis 12:11.

5. El testimonio debe ser dado siempre cueste lo que cueste. Mateo 10:32, 33.

ESTUDIOS PARA OBREROS PERSONALES

CUARTO PASO

Instrucción en la oración.

1. Lo que no se debe hacer en la oración. Mateo 6:5, 7, 8 del Sermón del Monte.

2. Lo que se debe hacer en la oración. Mateo 6:6, 14, 15 del Sermón del Monte.

3. La oración ejemplar. El Padre Nuestro. Mateo 6:9-13 del Sermón del Monte.

Nota: Esta oración glorifica a Dios y pide muy poco para uno mismo. Como dice, "Orareis así" o de esta manera, el obrero mostrará la manera de usar cada frase del Padre Nuestro como modelo para la oración del creyente.

Otros pasajes.

4. Por quiénes debemos orar. I Timoteo 2:1-3.

5. Una oración modelo de la Iglesia Apostólica. Hechos 4:24-31.

Será bueno aconsejarle que compre su propio himnario y que lleve tanto la Biblia como el himnario a los cultos.

QUINTO PASO

La fe, un elemento indispensable en la nueva vida.

1. Es necesaria la fe en la oración. Mateo 7:7-11 del Sermón del Monte.

Otros ejemplos de la fe.

2. En la oración. Marcos 11:22-24.

3. En la justificación. Romanos 5:1-10.

4. En la plenitud del Espíritu Santo. Lucas 11:13.

5. En todo el andar con Dios. Hebreos 11:6.

SEXTO PASO

Con la salvación va siempre una limpieza interior que uno recibe por medio de la consagración total de su nueva vida a Jesucristo.

1. La consagración total de nuestro ser a Jesús nos da una limpieza interior. Mateo 6:19-24 del Sermón del Monte.

2. Los pobres en espíritu poseen el reino. Mateo 5:3 del Sermón del Monte.

3. El limpio de corazón ve a Dios en todas las circunstancias de su vida. Mateo 5:8 del Sermón del Monte.

4. La consagración incluye ojos y manos y todos los miembros de nuestro cuerpo. Mateo 5:27-32 del Sermón del Monte.

Otros pasajes.

5. Debemos consagrarle a Jesús nuestras vidas y todos nuestros miembros. Romanos 6:13.

6. Es un desvestimiento de todo lo viejo y un revestimiento de todo lo nuevo. Colosenses 3:1-17. Es una cooperación con Dios en todas las circunstancias y pasos de nuestra vida.

7. Es la consagración total de nuestro ser a Cris-

to. Romanos 12:1-2. En esto están incluidos nuestros cinco sentidos.

SEPTIMO PASO

Dios es fiel y suplirá todas nuestras necesidades.

Por causa de la fidelidad de su testimonio el nuevo creyente podrá perder su empleo y tener que pasar por grandes necesidades. Es necesario por lo tanto mostrar la fidelidad de Dios a Sus promesas y la importancia para nosotros de llenar las condiciones puestas por Dios para que podamos demandar sin desmayar.

1. Tenemos que pedir cada día por la mañana el pan cotidiano. Mateo 6:11 del Sermón del Monte.

2. No hay que afanarse sino confiar en el Padre que ama. Mateo 6:25-32 del Sermón del Monte. Es de notar que las cosas que Dios promete son alimento y ropa.

3. Las condiciones para que Dios supla las necesidades se encuentran en Mateo 6:33, 34 del Sermón del Monte.
   (a) Buscar en primer lugar en nuestras vidas el reino de Dios.
   (b) Buscar en primer lugar en nuestras vidas la justicia de Dios. ¿Será que, siendo que Dios es fiel, cuando no recibimos lo necesario es porque no estamos cumpliendo las condiciones dadas?

4. Dios es fiel y no puede negarse a Sí mismo ni en Su persona, ni en Su naturaleza, ni en Su Palabra. II Timoteo 2:13; Hebreos 6:12-20.

OCTAVO PASO

Para vivir una vida de victoria es necesario andar en luz.

1. Arreglar toda dificultad con el hermano. Mateo 5:21-26 del Sermón del Monte.

Otros pasajes.

2. Como no podemos evitar el andar entre los pecadores y su maldad, el alma se contamina por el oír y el ver. Por esta razón necesita una limpieza diaria, la cual la sangre nos da. Juan 13:10.

3. El cristiano no tiene por qué caer de nuevo en el pecado. Pero si por alguna causa peca, inmediatamente debe buscar al Señor en arrepentimiento y contrición, y recibirá perdón y y limpieza, I Juan 1:7-9.

NOVENO PASO

Hay ciertos deberes que tenemos para con los hermanos en la fe.

1. Es nuestro privilegio el de ayudar a los necesitados aun de nuestra pobreza. Mateo 6:1-4 del Sermón del Monte.

Otros pasajes.

2. El prójimo es el necesitado. Lucas 10:27-37.

3. Siempre tenemos manera de dar — vender y dar. Lucas 12:33, 34.

4. El cristiano debe aprender a hospedar a los necesitados sin abusarlos o dejar que lo abusen. Romanos 12:13-15.

DECIMO PASO

Uno tiene que aprender cómo vivir con otras gentes aun con sus enemigos.

1. Si el enemigo quiere llevarle a juicio es mejor arreglar con él fuera del juzgado si es posible. Mateo 5:24-26 del Sermón del Monte.

2. El enemigo es vencido por la humildad. Mateo 5:38-48 del Sermón del Monte.

UNDECIMO PASO

Hay malos obreros y falsos hermanos.

Es necesario advertirle al nuevo cristiano que no todos los que andan con Biblia son cristianos, ni todo el que dice ser "hermano" lo es. Jesús nos ha mostrado cómo reconocerlos.

1. Si tengo limpios mis ojos y mi vida, Dios me ayudará a ayudar a mi hermano en sus faltas. Mateo 7:1-5 del Sermón del Monte.

2. Si la persona es infiel, no tengo por qué confiarle nada. Mateo 7:6.

3. Son los frutos lo que distinguen al bueno del malo. Mateo 7:15-20.

4. Es la obediencia a Cristo y a la voluntad del Padre lo que distingue al fiel y no los milagros. Mateo 7:21-23 del Sermón del Monte.

Otros pasajes.

4. El fruto es el resultado de una vida purificada por Jesús y gobernada por el Espíritu Santo. Gálatas 5:18-26.

El obrero no debe dejar a su recién nacido hasta que éste haya sido instruido en todos estos pasos. El verdadero éxito consiste en que el discípulo sea capaz de instruir a otro y éste a otro y así sucesivamente.

Capítulo 8

El Evangelismo Personal

El evangelismo personal es una obra importante. Cada creyente debe ser apto en este arte. Para aprenderlo bien no hay mejor maestro que nuestro Señor Jesucristo. Si estudiamos continuamente la manera como él trató con las distintas personas, seremos los mejores trabajadores personales. Jesús siempre trató de hacerse amigo de las personas con quienes trabajaba. Para hacer esto les hablaba de las cosas que más les interesaban. Cuando había despertado su interés o curiosidad, les decía algo que les hacía pensar profundamente. El siempre dejó que la persona hablase de las cosas que le interesaban, porque en esta forma se interesaba más. En la conversación Jesús siempre guiaba los pensamientos hacia el blanco que El ya sabía de antemano. Poco usaba Jesús los argumentos, porque éstos siempre hacen que la persona trate de ganar su punto. Si vencemos, siempre dejamos al vencido disgustado. Jesús nunca permitía que la persona se desviase del asunto principal. Cuando una persona trataba de evadir la verdad o coger otro camino para no ser cogida, de una manera sabia y gentil, pero firme, El siempre la hizo volver a enfrentarse con la verdad.

Como ejemplo, tenemos la mujer samaritana. Juan 4:1-26. Jesús se enfrentó con una mujer quizás bastante fanática en su religión, de una raza enemiga de y despreciada por los judíos, el pueblo de Jesús. El no tomó la actitud de "un sabio", ni la de un maestro en materia de religión. Al principio no trató de aparecer como uno que sabía toda la verdad, ni tampoco que pertenecía a la raza escogida de Dios. El era todo esto, pero no se lo reveló a la mujer, porque sabía que al hacerlo alcanzaría solamente su odio. Es una buena táctica no manifestar lo que somos hasta que hayamos ganado la confianza de nuestro oyente.

Jesús, teniendo en cuenta el objetivo al cual quería llevar a la mujer, rompió la tradicional enemistad de razas pidiéndole un favor, un favor que nadie se atrevería a negar. La mujer, así tocada por el favor que Jesús había pedido, le contestó pero con un argumento basado sobre la antigua pugna. Jesús sabiendo que los argumentos solamente encienden los ánimos, evadió hábilmente la pregunta de la mujer con palabras que despertaron grandemente su interés. Así, usando el agua que había pedido, despertó en ella la curiosidad en otra cosa, haciéndole olvidar por el momento su primera pregunta. La mujer, ya interesada, (debemos recordar que si logramos despertar la curiosidad de una persona, luego es muy fácil seguir la conversación), le preguntó de dónde sacaría esa agua viva. Creo yo que fue en tono burlón que lo hizo, tratando otra vez de entrar en discusión y desviarse del tema principal, el de las aguas vivas. Jesús no se irritó por esto, ni entró en argumentos, pero tampoco se desvió de lo esencial. (Es muy importante en todo nuestro trabajo no irritarnos, ni impacientarnos, tampoco desviarnos del tema principal.) La respuesta de Jesús hizo que la mujer se olvidase de Jacob, para pensar en el agua viva. La mujer, pensando todavía en el agua natural, le respondió; pero Jesús cambió el tema, guiando siempre la conversación en el camino que El quería. (Veamos que Jesús no habló mucho tiempo, pero siempre hizo pensar a la mujer. El obrero personal no debe hablar mucho; pero sí debe hablar de tal manera que él sea siempre quien esté dirigiendo la conversación, y no la persona con quien está trabajando.)

Otra vez la mujer trató de argumentar y salir del tema. Jesús pasa por alto su pregunta y le dice algo que le hace pensar lo que es la verdadera adoración. Ahora El le dice sin herirla lo que no le podía decir en el principio, que la salvación es de los judíos. (También el obrero debe saber cuándo puede decir una verdad que es contraria a la creencia de la otra persona. Notemos que Jesús lo dijo cuando ya tenía convencida a la mujer. El hacerlo antes sería precipitado.) En una sola conversación que duró quizá media hora Jesús logró la conversión de una mujer enemiga.

Nosotros trabajamos entre católico-romanos, que creen como la samaritana que tienen la verdad. Están listos a argumentar a su favor. Es fácil derrotarlos en cuanto a sus argumentos; pero si lo hacemos, creerán todavía que tienen la verdad y continuarán convencidos de que deben permanecer en las enseñanzas de sus padres. Si usáramos más el método de Jesús, veríamos más convertidos.

Sería provechoso estudiar las distintas maneras como Jesús trató con las demás personas.

Nicodemo como judío ya estaba muy interesado en las enseñanzas de Jesús. El Señor no tenía que interesarlo, porque ya lo estaba. No tenía que hacerse su amigo, porque ya lo era y uno que lo admiraba. Con Nicodemo Jesús fue directamente al corazón. Vemos que no salió del tema pero encerró a Nicodemo en el punto importante, que es necesario nacer otra vez. También logró la conversión de este hombre. Le explicó muy claramente cómo podía nacer de nuevo y sobre qué fundamento descansaba este nuevo nacimiento — Su muerte en la cruz, usando un ejemplo bien conocido de Nicodemo — la serpiente levantada en el desierto.

El obrero debe estudiar bien las personas y saber cómo tratar a cada una de ellas en la manera correcta. Los Evangelios y los Hechos nos dan todos los ejemplos que necesitamos.

TRECE PUNTOS PARA EL PESCADOR DE HOMBRES

1. Procurar amistarse con la persona que desea ganar.

2. Entablar conversación sobre tópicos que le interesen.

3. No presumir de ser sabio, ni afectar superioridad.

4. Ni en pensamiento, ni en palabra dar la impresión de que el que le escucha es un ignorante.

5. No entrar en discusión.

6. Despertar la curiosidad.

7. Aunque sus ideas sean rechazadas, mantenerse siempre tranquilo y cariñoso.

8. Ceñirse al tema principal y evitar salirse del punto en discusión.

9. Escuchar respetuosamente mientras el otro expresa sus opiniones.

10. Con suavidad encauzar la conversación hacia la meta deseada.

11. No olvidar nunca y siempre recordar que es mejor perder la discusión y ganar el alma que ganar la discusión y perder el alma.

12. Hablar única y exclusivamente la verdad.

13. Tener presente todo el tiempo de la entrevista que el objeto de la conversación es la conversión del individuo, y cerciorarse de que cada palabra sea conducente a ese fin.

En su estudio de los evangelios el obrero debe notar la manera cómo Jesús trató con las diferentes personas y aprender de El.

En el estudio de los Hechos una comparación entre los discursos dirigidos por Pablo a los judíos y los dirigidos a los gentiles le dará mucha ayuda.

Para que la persona reciba la salvación tiene que recibir a Cristo en su corazón. La mente es la puerta del corazón. El obrero tiene que lograr que la persona haga su decisión personal para decir a Jesús que entre en su corazón, mostrándole que El es fiel. Si le pedimos con fe, El entrará inmediatamente.

Si la persona demuestra su deseo de aceptar la salvación, debe dársele la oportunidad. Si no sabe, es necesario ayudarle por medio de una oración que pueda hacer en el acto. "Señor, soy muy pecador, he quebrantado tus leyes y hecho lo malo delante de Ti. Reconozco que Tú eres el único Salvador, y arrepentido me llego a Ti, pidiéndote perdón y limpieza. Señor, perdóname, te ruego; límpiame en Tu sangre. Me entrego a Ti, entra en mi corazón y haz allí Tu morada. Gracias, Señor, porque me has oído, me has perdonado, me has limpiado, me has salvado; soy Tu hijo, tengo la vida eterna y Tú vives en mi corazón. Amén".

Después de mucha experiencia hemos visto la eficacia de esta manera de obrar.

Cuando la persona ya haya aceptado la salvación, hay que mostrarle que el nacimiento es solamente el principio de la vida nueva, y para crecer tiene que alimentar esa nueva vida por medio de la lectura de la Palabra de Dios, la meditación en ella, la oración y la asistencia a los cultos. Su crecimiento depende de su cooperación con el Espíritu Santo, que ahora habita en su corazón, y de la completa obediencia a El.

EL CAMINO DE LA SALVACION

Recomendamos a los obreros que aprendan de memoria los siguientes versículos con sus citas, a fin de poder usarlos con las personas que estén buscando la salvación.

1. La necesidad de la salvación. Romanos 3:32; Jeremías 17:9; Isaías 53:6; Romanos 3:10; Juan 3:3.

2. La perdición del pecador. Romanos 6:23; Gálatas 6:7; Apocalipsis 21:8; Efesios 2:12.

3. La provisión de Dios. Juan 3:16; Romanos

5:6-8; Isaías 53; I Pedro 3:18.

4. El deber del pecador.
   (a) Arrepentirse. Hechos 3:19; Isaías 55:6, 7; Lucas 18:13.
   (b) Creer en la obra redentora de Cristo. Hechos 16:31; Juan 3:16; Hechos 4:12; Gálatas 3:26; Efesios 2:8, 9.
   (c) Recibir a Jesús en el corazón. Apocalipsis 3:20; Juan 1:12, 13; I Juan 5:12.
   (d) Testificar de la salvación. Romanos 10:9.

5. La certidumbre de la salvación. Romanos 5:1; Juan 5:25; I Juan 5:13; II Timoteo 1:12.

LA BUENA LITERATURA

Hay mucha literatura llamada cristiana que no es buena. El diablo conoce la Biblia y es muy sabio al citarla cuando lé conviene. El obrero debe aprender a distinguir entre la literatura evangélica y la que es ajena, porque hay mucho entre los libros, tratados y revistas que no es evangélico, aun cuando contiene muchas citas de la Biblia.

Hay mucho entre la literatura profana que no le conviene al obrero leer tampoco. Para que no pierda su tiempo y dañe su alma, él debe saber cómo escoger entre los libros. Conozco a un joven que apenas acababa de aceptar el evangelio cuando se puso a leer un libro escrito en contra de la Biblia. Este perdió su fe y se volvió al mundo.

Literatura profana. Es la que no es religiosa. Si la lectura de cualquier libro, revista o periódico alimenta su vida carnal, es peligroso seguir leyéndolo. Si la lectura alimenta su conocimiento de la verdad, dándole un espíritu benigno y amable y sobre todo alimenta al Espíritu Santo en usted, es bueno. Filipenses 4:8.

Novelas. Muy pocas de éstas son buenas. Aconsejamos el abandono completo de ellas. Hay personas que dicen que las leen para descansar su mente. La mente descansa en Dios y no en cosas carnales.

Libros. Hay libros de historia, geografía, higiene, plantas, biografías de grandes hombres, etc. que son provechosos. Pero uno debe cuidarse que no tomen el lugar de la literatura evangélica. El obrero debe leer para hacerse más apto como obrero fiel y no para hacerse sabio o para pasar el tiempo.

Revistas y periódicos. Si leemos éstos es con el fin de conocer lo que está sucediendo en el mundo.

Debemos tener cuidado en estas lecturas, porque en ellas hay mucho que es sucio y sugestivo, que sólo llama y alimenta la carne y daña el alma.

Literatura católico-romana. Hay algunas obras de Santa Teresa y Juan de la Cruz y *La Imitación de Cristo* por Tomás A. Kempis que tienen valor espiritual. Pero hay tantos buenos libros evangélicos que enseñan mejor las verdades espirituales que el obrero no necesita acudir a aquéllos.

Literatura modernista. Los llamados modernistas no creen en la inspiración verbal de las Escrituras, sino creen que hay errores y limitaciones en ellas. No creen en el nacimiento virginal o la deidad de Jesús, sino hablan mucho de Jesús, el maestro. Cuando oran nunca dicen, "nuestro Señor Jesucristo" sino que usan los nombres de Jesús o Cristo solos y separados. Enseñan un evangelio de buenas obras, dando mucho énfasis a la educación y un mundo mejor obtenido por este medio. El nuevo nacimiento es por medio de la mente y la educación. El hablar de Cristo sacrificado como nuestro sustituto y limpieza por la sangre derramada para ellos es terrible. Dicen que Dios es el Padre de todos y que El no es el Jehová de los ejércitos, que vengará toda rebelión y condenará al castigo eterno. Admiten el mundo en la iglesia, diciendo que se puede usar para atraer a los pecadores. En cuanto a los placeres mundanales, cada persona debe seguir el dictado de su conciencia, olvidando o negando que la conciencia del hombre ha sido contaminada en la caída.

Literatura adventista. Los adventistas escriben y hablan potentemente como si fuesen evangélicos de los más aventajados; al principio dejan que uno piense que lo son. Venden mucho la Biblia y basan sus enseñanzas sobre ella. Junto con la Biblia ofrecen sus libros doctrinales y medicinales que son muy bien presentados con muchas láminas de inventos y de guerra. Esos libros llevan el nombre de "Pacific Press Publishing Association". Tienen una revista llamada *"El Centinela"*.

Sus enseñanzas sobre Dios, Jesucristo y el Espíritu Santo son iguales a las de los evangélicos; pero su error consiste en que enseñan que Jesús volvió en el año de 1844 al santuario y ahora está examinando los pecados cometidos por los suyos, y que Satanás llevará esos pecados al olvido. Guardan el sábado como necesario para la salvación y dicen que el alma de los muertos duerme o queda inconsciente, y que no hay tormento eterno.

Los testigos de Jehová. Venden la Biblia, especialmente la Versión Moderna; pero según ellos es necesario tener libros que expliquen la Biblia para entenderla. Sus libros llevan el nombre *"La Torre del Vigía"* como casa de publicación. No creen en la perfecta obra redentora de Jesucristo, y como los modernistas, creen que el Espíritu Santo es no más que una influencia. Niegan una gran parte de las enseñanzas evangélicas.

El obrero puede conseguir libros evangélicos que le darán toda la instrucción que necesite sobre dichas sectas y sobre otras tales como rosacrucismo, espiritismo, etc. No es menester que el obrero pierda su tiempo leyendo libros doctrinales de las ya nombradas sectas.